Impressum

2. Auflage, 2023

Verlag Akademie-der-Abenteuer
Boris Pfeiffer, Pfalzburger Straße 10, 10719 Berlin
www.verlag-akademie-der-abenteuer.de
© 2022 by Verlag Akademie-der-Abenteuer
Alle Rechte vorbehalten.
Nachdruck, auch auszugsweise, nicht gestattet.
Cover: Verlag Akademie-der-Abenteuer unter Verwendung
einer Collage von Maryam Andaz mit Fotos von Anita Rehm.
Bildrechte: Wenn nicht anders angegeben,
liegen alle Bildrechte bei der Autorin Anita Rehm.
Satz und Covergestaltung: Maryam Andaz
Gedruckt und gebunden von BoD GmbH, Norderstedt
ISBN 978-3-98530-126-3
Printed in Germany

Bibliografische Information der Deutschen Nationalbibliothek:
Die Deutsche Nationalbibliothek verzeichnet diese Publi-
kation in der Deutschen Nationalbibliographie; detaillierte
bibliografische Daten sind
Im Internet über http://dnb.d-nb.de abrufbar.

Mit einem Koffer voller
Sehnsucht nach Berlin

4

Mit einem Koffer voller Sehnsucht nach Berlin

Portraits von Künstlerinnen und Künstlern, die es
aus dem nahen und fernen Osten nach Berlin zog

Anita Rehm

Bildrechte

Inhalt

Vorwort

Wer mehr über die Autorin dieser Anthologie, Anita Rehm, erfahren will, stößt bei der Internet Recherche unvermittelt auf die Zeile „Anita Rehm Entführt". Ein erster Gedanke: Schreck, lass nach. Beim zweiten Blick: Entspannung pur. „Entführt" ist der Titel eins ihrer Bücher, das sie nach dem Ausscheiden (2002) aus ihrer mehr als dreißig ährigen Tätigkeit beim ZDF, die meiste Zeit für die Sendung „Nachbarn in Europa", geschrieben hat.

Als ich 1981 in Berlin durch Richard von Weizsäcker zur ersten „Ausländerbeauftragten" eines Bundeslandes berufen wurde, gab es zahlreiche berufliche Kontakte zu Anita Rehm. Es war die Zeit, als strittige Diskurse und Politiken in Deutschland die Wende einläuteten, wie sich ein erklärtes Nichteinwanderungsland zum Einwanderungsland wandelte. Lauter harmonische Glockenklänge waren dabei nicht zu erwarten

In zwölf Portraits stellt die Autorin die Entwicklung von kunstschaffenden Berlinerinnen und Berlinern vor, die aus unterschiedlichen Herkunftsländern eingewandert sind und heute als anerkannte Künstler und Künstlerinnen in Berlin leben. Von hier aus wirken sie in der deutschen Hauptstadt und darüber hinaus mit

ihren ausdrucksstarken Künsten und geben der Kulturlandschaft neue Impulse
Es heißt ja oft, Kultur kennt keinen Pass. So, als sei es für migrantische Kulturschaffende leichter als für alle anderen anzukommen und dazuzugehören. Dass es anders ist und wie anders es sein kann, das haben die Porträtierten Anita Rehm anvertraut. Vieles war unglaublich schwer, manches kaum zu glauben, wenn ein Werk sich erfolgreich behauptete.
Das alles und viel mehr offenbaren die auf ausführlichen Gesprächen basierenden Portraits, die konkret und anschaulich vom Leben, Werk und Wirken dieser zwölf Menschen erzählen. Sie alle sind ausgezogen und haben unter schwierigen Bedingungen ihre Talente und Fähigkeiten entfaltet, zur Freude ihrer Mitmenschen.

Barbara John
Berlin, den 13. April 2022

Einleitung

Nach dem Bau der Berliner Mauer am 13. August 1961 fehlten die Arbeitskräfte aus dem Osten der Stadt. Zunehmend erhöhte sich deswegen von nun an die Anzahl derer, die unter anderem bei Siemens, AEG, Telefunken, in der Textilbranche und in vielen mittelständischen Unternehmen als ‚Gastarbeiter' die Produktion in Gang hielten. Sie wollten nur wenige Jahre bleiben, aber für die meisten wurde es ein ganzes Leben.

Zwei der sogenannten Gastarbeiterkinder aus der Türkei stelle ich in den folgenden Kapiteln vor. Tayfun Bademsoy, der in Berlin aufwuchs, und Sema Poyraz, die zuerst in Baden-Württemberg lebte und dann zum Studium nach Berlin kam. Beide erzielten Erfolge in der Theater- und Filmbranche, als Darsteller, Drehbuchautoren und Regisseure.

In den 80er Jahren veränderte der Zuwachs ausländischer Künstler auch den etablierten Berliner Kunstbetrieb. Die Zugereisten trugen von ihren Herkunftsländern beeinflusste Kunst ‚im Koffer und in der Seele' bei sich.

Der damalige Berliner Kultursenator Volker Hassemer (1983- 1989) trieb durch ein neuge-schaffenes Ressort in seinem Haus die Förderung von Künstlern mit ausländischen Wurzeln voran. Während meiner journalistischen Tätigkeit für die ZDF-Sendung Nachbarn in Europa von 1978 - 2002, lernte ich Maler, Bildhauer und Theater-leute aus der Türkei, Iran, Korea, Japan kennen. Fortan berichtete ich regelmäßig in Filmportraits über Künstler mit Migrationshintergrund und deren Schaffenskraft.

Entstanden ist über all die Jahre hinweg so auch eine freundschaftliche Beziehung zu einigen diesen Künstlern. Bis zum heutigen Tag nehme ich Anteil an ihren Erfolgen und schöpferischen Fortschritten.
Ich danke allen Künstlern, die sich mir in inten-siven Gesprächen zu diesem Buch anvertraut haben:

Kani Alavi
Yadegar Asisi
Tayfun Bademsoy
Akbar Behkalam
Heronimus J. Ceckiewcz
Aysegül Eren
Maghsoud Fallahi
Pavel Feinstein
Abuzer Güler
SOOKI Koeppel
Akira Nakao
Sema Poyraz

Besonderen Dank für das Vorwort an:
Barbara John,
Honorarprofessorin, Ausländerbeauftragte
des Berliner Senats von 1981 bis 2003

Danke fürs korrigieren an:
Chris Bauer
Regine Friederici

Akbar Behkalam

Leben einzeln und frei wie ein Baum und brü-
derlich wie ein Wald – das ist unsere Sehnsucht.
Das Zitat aus einem Gedicht des türkischen
Dichters Nazim Hikmet steht in Deutsch und
Türkisch auf der Hauswand Gneisenaustr. 80,
in Berlin-Kreuzberg. Es ist Teil eines Wand-
bildes, auf dem menschliche Gestalten unter
einem großen Baum versammelt sind. Ent-
worfen und umgesetzt hat das Bild Akbar Behkalam.
Es ist eines der Wandbilder, das im Rahmen
des Wettbewerbs Kunst im Stadtraum ausgewählt wurde, an dem sich der Künstler
beteiligte. Das Werk entstand 1980 – damals

über der rustikalen Berliner Bierkneipe Bei Rosi, die schon lange nicht mehr existiert. Vor kurzem erhielt die Fassade des sechs-stöckigen Hauses einen frischen Anstrich und   das Bild erfuhr eine Restauration. Nach über 40 Jahren drohte es zu verblassen. Jetzt ist das Wandbild, auch von Weitem, wieder gut sichtbar.

Akbar Behkalam lebt und arbeitet seit 1976 in Berlin. Das Wandbild in der Gneisenaustraße war die erste Auftragsarbeit des Künstlers, der anschließend noch mehreren Fassaden im öffentlichen Raum , seinen Stempel auf-drückte'.

In Täbris, der Hauptstadt von Ost -Aserbeid-schan/Iran, kam Akbar Behkalam 1944 zur Welt. Bei der Geburt war seine Mutter gerade mal 14 und der Vater 18 Jahre alt. Es kamen noch drei Geschwister dazu. Die junge Fami-lie wurde von dem Großvater, einem angese-henen Händler in der Stadt, unterstützt. Und „das war unser Glück", wie Akbar rückblickend feststellt. „Die Eltern waren in ihren jungen Jahren mit uns Kindern völlig überfordert. Mein Vater begann damals, viel Alkohol zu trinken. Ich hätte es ohne die Unterstützung meines Großvaters nie geschafft, das Fachab-itur zu bestehen. Er war wie ein Vater zu mir, und ich habe von ihm für mein weiteres Leben viel gelernt."

Schon früh entdeckte Akbar sein Interesse für die Malerei. Die Fertigkeit zum Zeichnen hatte er sich zunächst selbst beigebracht. Deshalb entschied er, nach der 9. Klasse den künstlerischen Zweig im Institut für schöne Künste zu besuchen und den Schulunterricht bis zum Fachabitur fortzuführen. Noch konnte er sein künstlerisches Talent nur bedingt unter Beweis stellen.

„Ich muss so 16 Jahre alt gewesen sein, da kam meine Schwester während unserer Ferien auf die Idee, sich von mir Blumen auf ihre Bluse malen zu lassen. Und dann fing ich an! Auch ihrer Freundin gefielen meine Motive, und sie ließ sich ebenfalls eine Bluse bemalen."

Es war ein Experiment, das zu einem ersten Erfolg des jugendlichen Künstlers führte. In einem Modesalon zeigte Akbar die Blusen, von denen der Geschäftsinhaber zunächst zwei bestellte, die im Nu verkauft wurden. Und die Nachfrage wuchs. Es kamen immer mehr Bestellungen und Akbar kam mit dem Malen der individuell gestalteten Blusen kaum nach. Es war ein lukratives Geschäft, wie sich herausstellte. Schließlich besaß er so viel Geld, dass er für seinen Vater einen teuren Anzug kaufen konnte. Der war zunächst skeptisch, dass man durch Malerei Geld verdienen konnte, gleichzeitig war er aber stolz auf die künstlerische Begabung seines Sohnes.

Nach dem Abitur musste Akbar seinen zweijährigen Militärdienst antreten.

Zu der Zeit ordnete der Schah Reza Pahlavi innerhalb des Programms Weiße Revolution an, dass Abiturienten zunächst vier Monate in der Kaserne eine Grundausbildung ablegen mussten. Die restlichen 20 Monate wurden die Soldaten dann als Lehrer und Entwicklungshelfer auf Dörfer in rückständige Landesteile geschickt.

Akbar Behkalam kam in ein entlegenes Bergdorf im Kurdengebiet an der irakischen Grenze. Er war der erste Lehrer, den die Dorfbevölkerung jemals zu Gesicht bekommen hatte. Dort erlebte er die Kurden, die ihm unbekannte Sitten pflegten, anders gekleidet waren und ihre eigene Sprache sprachen. Akbar sollte den Dorfkindern Farsi beibringen. Da außer ihm niemand die offizielle Landessprache verstand und ihn auch seine aserbaidschanische Muttersprache nicht weiterbrachte, wurde seine Lehrtätigkeit eine gewaltige Herausforderung für den 20jährigen aus der Großstadt Täbris. Es dauerte einige Zeit, bis eine Verständigung möglich war.

„Die Rückständigkeit im Dorf war so primitiv wie vor tausend Jahren. Es gab keine Wasseranschlüsse, keine eigenen Toiletten. Den Bewohnern standen lediglich fünf öffentliche Plumpsklos und ein Brunnen zur Verfügung. Mit Hilfe der Männer habe ich fließendes Wasser vom Berg umgeleitet. Für jedes Problem fand ich eine Lösung", so die Erinnerung von Akbar.

Er half, wo er nur konnte, war nicht nur Entwicklungshelfer, sondern Lehrer, Richter, Baumeister, wurde Vertrauter und manchmal auch Arzt. Die Dankbarkeit der Dorfbewohner beeindruckte ihn zutiefst. Sie überschütteten ihn mit bescheidenen Geschenken. Es war ein Geben und Nehmen.

Zugleich prägten ihn diese Erfahrungen, die Sitten und Erlebnisse sein Leben lang. „Die Kurden, auf die ich traf, waren ehrliche Leute. Viele Jahre später besuchte ich das Dorf noch einmal mit meiner Frau." Seine künstlerische Tätigkeit setzte er im Dorf ebenfalls weiter fort. Die Bilder nahm ihm eine Galerie in Täbris ab, die ausschließlich seine Werke verkaufte. Dadurch kam er zu einem bescheidenen Wohlstand.

Unter dem Regime von Schah Reza Pahlavi verschärfte sich zunehmend der Druck auf die Bevölkerung. Der iranische Geheimdienst Savak, der 1957 gegründet wurde, verfolgte

insbesondere die Intellektuellen im Land.
Auch Akbar und seine Freunde spürten die all-
gegenwärtige Anwesenheit des Savak, wenn
sie sich zum Beispiel nur unter Beobachtung
im Teehaus treffen konnten.

Diesen eingeschränkten Möglichkeiten im
ölreichen Iran wollte er entrinnen und möglichst schnell aus dem Land fort. Vor allem
beabsichtigte er, nach der Militärzeit ein
Kunststudium außerhalb des Iran zu beginnen.

Sein Weg führte 1965 zunächst zu entfernten
Verwandten nach Mainz, die ihm ein Zimmer
besorgten. Vom Alltag in Deutschland hatte er
keine Vorstellung, zumal er die Landessprache noch nicht verstehen konnte.
Gegen das Alleinsein in der fremden Umgebung half ihm das Malen. In einem Farbenge-
schäft besorgte er sich Pinsel, Leinwand und
Farbe.
Als der Inhaber bald darauf die fertigen Pro-
dukte sah, erwarb er sogleich zwei Bilder für
200 Mark.

Das Leben in der Rheinmetropole schien dem
jungen Künstler so ganz anders, als er es aus
seiner Heimat gewohnt war. Das Alleinsein
und die Hektik machten ihm bald zu schaffen.
Er fühlte, dass ihm   die notwendige Ruhe

zum Malen zu fehlte. Und nach einem Monat entschloss sich Akbar, Mainz und Deutschland wieder zu verlassen.

„Vielleicht beeinflussten mich auch die vielen amerikanischen Filme, die im Iran gezeigt wurden, in denen die Deutschen nur als Nazis dargestellt wurden. Diese Szenen hatte ich noch in meinem Hinterkopf und bekam Angst, Menschen mit dieser Vergangenheit in Deutschland zu begegnen", resümiert Akbar heute seinen schnellen Weggang. „Später würden positive Erfahrungen überwiegen, die ich zu diesem Zeitpunkt aber noch nicht wissen konnte".

Mit dem Orientexpress legte er einen Zwischenstopp in Istanbul ein. Da seine aserbaidschanische Muttersprache dem Türkischen ähnelt, war hier nicht nur die sprachliche Verständigung besser, auch die Gepflogenheiten und Bräuche glichen denen in seinem Geburtsland.

Bei den Streifzügen durch Istanbul stach ihm ein prächtiges Gebäude, direkt am Bosporus gelegen, ins Auge. Bei näherem Hinsehen entdeckte er, dass sich in dem Gebäude die Akademie der schönen Künste befand.

Selbstbewusst betrat er das Sekretariat und meldete sich zum beginnenden Semester an.

„Es dauerte nur sechs Tage, und ich konnte im schönsten Gebäude der Stadt mein Studium beginnen."

Sein damaliger Professor, Bedir Rahmi Eyüboglu, war einer der bekanntesten türkischen Maler der Gegenwart. Durch ihn entwickelte Akbar seinen Malstil weiter. „Mein Professor war eine Vaterfigur für mich. Er war der Meinung, wer wie ein Künstler lebt, wird auch ein Künstler, dem Kunst über alles geht."

Aus dem Zwischenaufenthalt in Istanbul wurden fünf Jahre. Die Türkei wurde zu Akbars zweiter Heimat. Hier lernte er eine fortschrittliche Kultur kennen. Er verinnerlichte die Gedichte des bedeutendsten türkischen Lyrikers der modernen Literatur, Nazim Hikmet, der 1963 im Exil in Moskau verstarb.

Und mit einigen seiner Kommilitonen verband ihn eine tiefe Freundschaft. Wie er, vertraten die Freunde eine aufgeschlossene, moderne politische Haltung, die sie in ihren Bildern verarbeiteten.

Nach der Zeit als Meisterschüler bei Professor Eyüboglu beschloss der Künstler, wieder auf Reisen nach Europa zu gehen. Sie führten ihn nach Frankfurt, Rom und in die französische Metropole. Für einige Monate lebte Akbar in Paris, der ‚Stadt der Maler'. Hier suchte er nach neuen Inspirationen, hielt jedoch an seiner traditionellen Bildsprache fest.

Mittlerweile wohnten bereits einige Freunde aus der Istanbuler Studentenzeit in einer Wohngemeinschaft in Berlin. Von Paris brach Akbar auf, um sie zu besuchen.
Sechs Monaten später entschied er, Berlin wieder zu verlassen. Einen Tag vor seiner Abreise verabschiedete er sich von der Medizinstudentin Silke Körber aus der Wohngemeinschaft von gegenüber.

Sie und er kannten sich bislang nur flüchtig. Aber an diesem Nachmittag fasste der Maler all seinen Mut zusammen und stand vor ihrer Tür. Auch Silke bereitete sich gerade auf eine größere Reise vor und entschloss sich spontan, mit ihm im Auto am nächsten Tag in Richtung Frankfurt zu fahren. Von dort flog sie zwei Tage später in die USA. Gleichzeitig trat Akbar seine lange Autofahrt in den Iran an.

Zuvor hatten seine Freunde vergeblich versucht, ihn zu ermuntern in Deutschland zu bleiben. Zumal im Iran immer noch das Schah-Regime herrschte und die Freiheitsrechte beschnitt. Doch das unterschätze Akbar zu diesem Zeitpunkt. 1974 kehrte er in seine Heimat zurück. „Ich wollte im Iran in Ruhe malen und hoffte, dass dort mein Durchbruch kommen werde. Ich konnte mir vorstellen, die Kunstszene zu beeinflussen", war seine damalige Begründung. Er war so naiv zu glauben, im Iran wieder Fuß zu fassen.

Als Dozent bekam er in Täbris eine Stelle am gleichen Institut für schöne Künste, in dem er damals auch als Schüler gewesen war. In seiner Heimatstadt hoffte er, dem politischen Druck des Schah-Regimes in Teheran nicht so stark ausgesetzt zu sein. Er vertraute der Mentalität der Menschen.
Aber auch hier bekam er bald Schwierigkeiten. Zu freimütig äußerte er sich über die politischen Verhältnisse. Seine öffentlich geäußerte Einstellung wurde ihm als subversives Verhalten ausgelegt und der Geheimdienst Savak überprüfte seine Akte, was zur Folge hatte, dass sein Arbeitsvertrag nicht verlängert wurde.

Seine Angst vor der Unterdrückung wollte Akbar in seinen Bildern ausdrücken.
Aber das wäre zu gefährlich gewesen. „Viele Intellektuelle waren zu der Zeit im Gefängnis. Meine Freunde konnten nur im Keller arbeiten und nicht ausstellen. Um als Maler zu existieren, musste ich mein Land erneut verlassen", beschreibt er die damalige Situation.

Ohne lange zu zögern, entschied er wieder nach Berlin zurückzukehren.

Denn da war auch noch die Sehnsucht nach Silke, mit der er weiterhin Kontakt hielt. In den Briefen an sie malte er kleine Bilder, die er mit Dein Akbar unterschrieb. Auch ohne Text verstand Silke die Liebeserklärung.

In Berlin angekommen, zog er wieder in die Claudiusstraße ein, wo zu dieser Zeit seine Freunde noch immer wohnten und nebenan auch Silke.

Berlin-Tiergarten wurde 1976 jetzt seine neue Heimat. Die aus Bremen stammende Medizinstudentin Silke und der Künstler Akbar aus Täbris heirateten. Das Paar hat heute zwei Söhne, Kaya und Jascha.

Die erste Zeit in Berlin konnte Akbar von seiner Malerei noch nicht leben. Aber seine Ehefrau bestärkte ihn, nicht aufzugeben. Sie arbeitete neben ihrem Studium im Krankenhaus und unterstützte ihn, wo sie nur konnte.

Die wechselhafte Geschichte seines Landes wurde zum Thema seiner ersten Arbeiten in Berlin. In Bildkompositionen ähnlich der alt-persischen Miniaturmalerei schuf er einen kritischen Persepolis-Zyklus. Unter anderem malte er Gefangene, die von einem

Kommando erschossen wurden. Nur außerhalb des Irans war es möglich, seine Wut über die Ungerechtigkeit und Gewaltherrschaft des Schah-Regimes in Bildern auszudrücken. Später folgten Serienbilder zur islamischen Revolution, Gerechtigkeit in Allahs Namen, die die Menschenrechtsverletzungen unter Ajatollah Khomeini behandelten.

Im Dezember 1981 zeigte das Künstlerhaus Bethanien in Berlin-Kreuzberg zum ersten Mal Arbeiten von Akbar Behkalam in einer Einzelausstellung. Es waren alarmierende Bilder, die sich mit der Unterdrückung im Iran auseinandersetzten. Die Ausstellung erregte seinerzeit großes Aufsehen. Sogar die ARD berichtete in den Tagesthemen darüber. Das war Akbars künstlerischer Durchbruch in Deutschland. „Die Ausstellung hatte plötzlich mein Leben verändert. Durch die Sendung in den Tagesthemen kamen viele Anfragen von Interessenten, die unbedingt meine Bilder kaufen wollten. Ich war sehr überrascht und hatte keine Vorstellung, was ich dafür nehmen sollte."

Auch die gesellschaftlichen und politischen Verhältnisse in Deutschland nahm er als kritischer Künstler wahr. Das Thema Ausländerfeindlichkeit berührte ihn. Unter dem Titel Wir wollen nicht die Juden von morgen werden, schuf er ein kontroverses Bild: Halb Jude, halb Türke, mit dem Davidstern auf der Stirn eingeritzt.

Als Anfang der 80er Jahre die ersten Straßenschlachten um leerstehende und besetzte Häuser in Berlin tobten, die er jeden Tag auf dem Weg von seiner Wohnung zu seinem Kreuzberger Atelier beobachtete, brachte der Maler auch diese Szenerie in verschiedenen Variationen auf die Leinwand.

In beeindruckender Bildsprache setzte sich der iranische Künstler ebenfalls mit der Deutschen Revolution von 1848 auseinander. Bis dahin hatten lediglich die Künstlerin Käthe Kollwitz, in sechs Radierungen im Zyklus Weberaufstand, und der Maler Adolph Menzel, in seinem unvollständigen Werk auf Leinwand, Aufbahrung der Märzgefallenen, die Ereignisse der Revolution künstlerisch thematisiert.

Der damalige Direktor der Staatlichen Kunsthalle Berlin, Dieter Ruckhaberle, veranlasste daraufhin 1987 eine große Einzelausstellung mit diesen Werken von Akbar Behkalam. Aus dieser entstand in der Folge eine Wanderausstellung an exponierten Orten: der Städtischen Galerie Schloss Oberhausen, im Museum Bochum, der Stadtgalerie Saarbrücken und dem Überseemuseum Bremen, die einem breiten Publikum zugänglich wurde. Anschließend wurde die Ausstellung auch noch in die USA, unter anderem in der California State University, Los Angeles und weitere Städte übernommen.

An der Hardenbergstraße in Berlin-Charlottenburg erinnert heute ein Mahnmal an die Verzweiflungstat eines jungen türkischen Asylbewerbers.

Der damals 23jährige Cemal Altun sprang 1983 aus dem Fenster des oberen Stockwerkes des Verwaltungsgerichts, während über sein Asylverfahren verhandelt wurde. Aus Furcht vor der bereits beschlossenen Abschiebung nahm er sich das Leben.

Die drei Meter hohe Granitskulptur, ein fallender Mensch mit ausgestreckten Armen, schuf Akbar Behkalam in Anlehnung an den Sturz in den Tod des Asylbewerbers. Das Mahnmal konnte mit Unterstützung der Charlottenburger Bezirksbürgermeisterin und durch Spenden aus der Berliner Bevölkerung errichtet werden. Auf sein Honorar verzichtete der Künstler damals.

Es war seine erste und bisher einzige große Arbeit als Bildhauer. Dafür fuhr er einen Monat lang jeden Tag über die Grenze nach Polen. In einem Steinbruch, der Pflastersteine produzierte, fand er das geeignete Material für das Mahnmal.

Damit entstand 1996 das erste Denkmal für einen Asylbewerber in Europa.

Behkalams Bilder gehören zum festen Bestandteil der engagierten, politischen Kunstlandschaft Deutschlands. Die Berlinische Galerie hat vier seiner Berliner Werke in ihrem Bestand, darunter das Bild: Wir wollen nicht die Juden von morgen werden. Der Bundestag in Bonn kaufte ein Bild aus seinem Zyklus Deutsche Revolution – 1848.

Mit einer Gruppe Berliner Künstler folgte Akbar 1988 einer Einladung nach Rio de Janeiro für einen Arbeitsaufenthalt. Kollegiale Kontakte erschlossen sich ihm und er erlebte den Eintritt in eine andersartige Kultur als stimulierend und fruchtbar. Seitdem folgten mehrere längere Aufenthalte in Brasilien. Dort erlebt er neue Impulse für seine Malerei. Durch das Licht und die Wärme schwang eine neue Unbeschwertheit in die entstandenen farbenfrohen, abstrakten Bilder: „Brasilien war für mich eine neue Dimension. Ein Paradies. Ich probierte, ich suchte, habe Neues gefunden, das mich weiter entwickeln ließ. Die Leichtigkeit der Lebensformen und die Farben habe ich dort entdeckt. In meine Bilder kamen neue Bewegungen. Ich habe das Grün in den Bäumen entdeckt, die so ganz anders sind als hier. Und gerade diese Bäume, die ihre eigene Ausstrahlung haben, haben mich fasziniert", schwärmt er noch heute.

In dem 350-Seelendorf Fretzdorf bei Wittstock befindet sich das um 1800 errichtete Schloss Fretzdorf. Zu DDR-Zeiten dienten die Räume unter anderem als Hilfsschule und Internat. Nach dem Fall der Mauer stand es für lange Zeit leer, seit 2008 allerdings herrscht wieder Leben im Schloss.

Die Familie Behkalam erwarb das gesamte Gelände und später noch die vom Verfall bedrohte angrenzende Brennerei. Mit Akribie und Sensibilität begann Akbar das Schloss zu restaurieren. Auch den von Peter Lenné gestalteten dazugehörigen Park, durch den die Dosse fließt, arrangierte er nach Maßgabe des Natur- und Denkmalschutzes um.

Der Aufwand hat sich gelohnt. Das renovierte Anwesen ist ein Gewinn für die Gegend und eine Genugtuung für die Dorfbewohner, von denen der Künstler sich angenommen fühlt und zu denen er engen Kontakt pflegt.

Die räumliche Großzügigkeit des Schlosses, ohne dekorative Wandelemente, ermöglichte es Akbar, sich dort zwei Ateliers einzurichten. Die ländliche Idylle und die Farben der Natur inspirieren ihn zu neuen Motiven für seine großflächigen Gemälde.

Mittlerweile ist Fretzdorf für ihn und seine Frau zum neuen Domizil geworden. Beide genießen jetzt im Alter die Ruhe und die Natur. Nur gelegentlich fahren sie in die laute Hauptstadt, wo sie immer noch ihre Wohnung in der Charlottenburger Claudiusstraße besitzen.

Akbar Behkalam hat es geschafft, sich im Laufe der Jahre in der internationalen Kunstwelt durchzusetzen. Das beweisen die zahlreichen Ausstellungen und Auszeichnungen im In- und Ausland. Auf der Internationalen Biennale von Taschkent/Usbekistan erhielt er den Grand Prix 2008.

Der künstlerische Erfolg, den er mit seinen Werken bis heute weltweit erzielt hat, wäre ihm in seinem Heimatland Iran sicherlich verwehrt geblieben. Die Sehnsucht nach Freiheit und Gerechtigkeit und in einer offenen Gesellschaft zu leben, sind mit das Wichtigste im Leben des Künstlers.

Rückblickend bekundet Akbar: „Ich fühle mich mit all den Menschen tief verbunden, die mich auf meinem künstlerischen Weg begleitet und mir geholfen haben. Sei es durch die Medien, den deutschen Freundeskreis oder die Unterstützung von Institutionen, die an mich geglaubt haben. Dafür bin ich unendlich dankbar."

Aysegül Eren

„In der Türkei war es in den 80er, 90er Jahren noch schwierig, als Künstler anerkannt zu werden. Und schon gar nicht als Frau", resümiert Aysegül Eren.

Die Künstlerin wurde 1967 in Istanbul geboren und wuchs mit zwei Schwestern und einem Bruder auf. Die häuslichen Verhältnisse bezeichnet sie als „bescheiden, aber glücklich".

In ihrer Kindheit flüchtete die zurückhaltende, stille Aysegül vor der Realität. Ihre nichtgeäußerten Gedanken und Gefühle drückte sie auf Papier aus. So entstanden ihre ersten Zeichnungen.

Der Nachbarin, einer Kunstlehrerin, fiel das zeichnerische Talent der jungen Aysegül auf.

Sie empfahl den Eltern, ihre Tochter unbedingt Kunst studieren zu lassen. Und diese folgten dem Rat.

Als Studentin entschied sich Aysegül Eren jedoch nicht für die Malerei, sondern entdeckte ihre Begeisterung und Fähigkeit, Materialien mit den Händen zu formen und bearbeiten. So absolvierte sie an der Akademie der Bildenden Künste der Marmara Universität in Istanbul von 1985 bis 1989 ein Kunststudium für freie Keramik,Um Geld zu verdienen, nahm sie eine Anstellung als Keramikdesignerin an, wobei sie überwiegend Blümchen auf Tassen und Teller malte. Nach drei Monaten empfand sie die Arbeit als unbefriedigend, langweilig und stumpfsinnig und kündigte.

Sie wollte Neuland betreten, um sich in der Kunst weiter zu entwickeln.

In der Türkei sah sie jedoch keine Möglichkeit, dies zu verwirklichen. Deshalb schwebte ihr ein Auslandsaufenthalt vor, um sich ihren Wunsch zu erfüllen.

Als sie ihr Vorhaben im Hause Eren kundtat, gab es dafür zunächst kein Verständnis.

„Wenn Du jetzt das Haus verlässt, kannst Du niemals mehr hierher zurückkommen", war die Antwort der Eltern. Nicht zuletzt waren sie um das Wohl ihrer Tochter besorgt, wenn diese weit weg im Ausland allein leben würde. Die Worte verhallten jedoch bei der 23jährigen, die unbedingt ihren Plan durchsetzen und der Türkei den Rücken kehren wollte.

Mit ihrem ersparten Geld in der Tasche nahm sie im Sommer 1990 das Flugzeug von Istanbul nach Berlin.
Mutig betrat sie unbekanntes Terrain. Außer einem früheren Kommilitonen kannte sie in der Stadt niemand. Dieser aber half ihr so gut er konnte.
Als erstes belegte Aysegül einen Intensivkurs in einer Sprachenschule, um sich rasch in der deutschen Sprache verständigen zu können.
Ihr neues Zuhause wurde ein kleines Zimmer in der Chausseestraße im Ostteil Berlins, das sie zur Untermiete bewohnte. Das Mietshaus, in dem die die Wohnung lag, war alt und in einem schäbigen Zustand, wie es zu DDR-Zeiten in Altbauten noch üblich war.
Ab 20 Uhr war die Außentür verschlossen. An der Haustür war keine Klingel angebracht und einen Telefonanschluss gab es nicht. Die Toilette war auf halber Treppe zu benutzen und der Ofen wurde mit Kohle beheizt. „Zunächst war ich über die Mietverhältnisse schockiert. Ich dachte, ich komme in eine moderne Stadt, alle diese Unannehmlichkeiten waren mir fremd."

Für kurze Zeit nahm sie ein Stellenangebot als Au-pair an. Doch bald stellte sich heraus, dass sie in der Familie mit den drei Kindern nur als Haushaltshilfe für wenig Geld arbeiten musste. Diese Konstellation wollte sie nicht hinnehmen. Nach ein paar Wochen verließ sie die ungeliebte Tätigkeit.

Zum Glück fand sie kurz darauf bei einer Landsmännin, der Bildhauerin Prof. Azade Köker, neuen Anschluss. Ein Jahr lang assistierte Aysegül Eren ihr bei der Vorbereitung einer Ausstellung. Von den Arbeiten dieser Künstlerin inspiriert, entschloss Aysegül, sich an der Hochschule der Künste als Bildhauerin zu bewerben. Und sie wurde angenommen.

Bei Prof. Michael Schönholz, dessen Meisterschülerin sie wurde, absolvierte sie von 1991 bis 1998 ein Bildhauerstudium.

Schon nach wenigen Semestern entwickelte die junge Bildhauerin ihre eigene künstlerische Haltung. Es entstanden bald großformatige Plastiken in Ton. Und je versierter sie im Umgang mit dem Material wurde, wurde der Raum in Bezug auf den Menschen zu ihrem Thema.

Am Ende des Studiums 1998 bereitete sich Aysegül Eren auf den Meisterschülerpreis vor.

Fast aber wäre aus der Teilnahme nichts geworden.

Vertrauensvoll verließ sie sich auf die Erfahrung der Keramikwerkstattleiterin, die für das Anheizen des Ofens zuständig war. Aber das Material für ihre Arbeit, Ton, gemischt mit Schamotte, hielt dem Brennofen mit der Temperatur von 1.200° nicht stand.

Die Stücke schrumpften und passten nicht mehr zusammen. Nur mit großer Mühe und Sorgfalt konnte sie die Teile zusammenfügen.

„Verzweifelt habe ich bis in die Nacht hinein an dem letzten Schliff gearbeitet. Am nächsten Morgen sollte ich mein Werk vorstellen. Ich habe darum gekämpft und war davon überzeugt, was nicht machbar ist, muss machbar werden!"

Der Kampf zahlte sich aus. Sie ließ ihre Konkurrenz hinter sich und gewann den Meisterschülerpreis für ihr großes, begehbares Terrakottaobjekt.

Mit Stolz verkündigte sie ihrer Familie in Istanbul, dass sie den 1. Preis gewonnen hatte. Nun erkannten auch ihre Mutter und ihr Vater, wie wichtig es war, dass die Tochter ihrem Traum gefolgt war, sich in ihrem künstlerischen Schaffen weiterzuentwickeln. Die anfängliche Skepsis war verflogen.

Die Kunsthistorikerin Dr. Stefanie Heckmann schrieb zu den Arbeiten von Aysegül Eren im Katalog „Meisterschülerpreis 1998 – Hochschule der Künste Berlin":
„Es handelt sich um einfache klare Formen, deren besonderer Reiz in der Spannung zwischen geometrischer Konstruktion und Handschriftlichkeit der frei modellierten Formen liegt. (...) Einige Arbeiten muten geradezu seriell an, wobei die einzelnen Elemente in Größe, Form und Richtung geringfügig abweichen."

Die Basis für Aysegül Erens großformatige Skulpturen sind geformte Stahlkonstruktionen. Darauf aufbauend, verwendet sie Ton als Material.
Aus dem uralten Werkstoff kommt nach dem Brennen, strukturell veränderte Terrakotta heraus. Sie bildet die Grundlage für die weitere Arbeit, wie z.B.
das kalkulierte Aufeinandersetzen, Zersägen, Verkleben unterschiedlicher oder ähnlicher Einzelteile, die wieder anschließend koloriert werden können. Während des Arbeitsprozesses bewahrt die Künstlerin zudem stets die Lebendigkeit der Materialspuren.

Bei aller Modernität wirken die Arbeiten wie ethnologische Zeichen einer vergangenen altertümlichen Welt.

Von der Investitionsbank in Berlin erhielt die Künstlerin 1994 den Auftrag, eine Plastik für das Foyer der Bank herzustellen. Es entstand eine Arbeit von 350x50 Zentimetern aus aufeinandergeschichteten quadratischen Blöcken aus dunklem Ton. Titel des archaisch anmutenden Werkes: Turm von Babylon.

Tief betroffen zeigte sich Aysegül Eren von den rassistischen Ereignissen in Solingen, als dort im Mai 1993 die Brandanschläge auf das Wohnhaus der türkischen Familie Genc verübt wurden. Dabei starben zwei junge Frauen und drei kleine Mädchen. 17 Menschen wurden schwer verletzt.
Wie kann so etwas in einem zivilisierten Land geschehen? fragte sie sich und reagierte mit einer Skulptur, die sie zum Gedenken an die Opfer herstellte: Unterschiedliche große Terrakotta Stehlen in roter Farbe angemalt, die wie Flammen herausragen.
Kurz nach Fertigstellung der Arbeit in ihrem Atelier, erwarb ein Kunstsammlerpaar das Werk.
„Es berührt mich noch heute, dass gerade ein deutsches Ehepaar diese Arbeit mit dem Titel Flamme für ihre Wohnräume gekauft haben. Das machte mir deutlich, wie sensibel die Menschen in Deutschland mit dem Thema umgingen."

2009 war Aysegül Eren Gastdozentin am Institut für künstlerische Keramik und Glas in der Kannenbäckerstadt Höhr-Grenzhausen im Westerwald.

Mehrmals nahm die Bildhauerin an nationalen und internationalen Symposien teil, auf denen sie ihre künstlerischen Spuren hinterlassen konnte. So auch in ihrem Heimatland in der Stadt Eskisehir an zwei verschiedenen Stellen.
Im dortigen Park verbeugen sich gebogene Stehlen zueinander und auf dem Mittelstreifen einer viel befahren Autostraße stehen sich zwei fast drei Meter hohe Plastiken gegenüber und symbolisieren Okzident und Orient.
Diese Arbeit hat Aysegül Eren ihrer verstorbenen Mutter gewidmet.
Für ihren Vater und ihre Geschwister ist die Skulptur zu einem außergewöhnlichen, ehrwürdigen Denkmal in der Türkei geworden.

Heute kann die Künstlerin Aysegül Eren auf zahlreiche Einzel- und Gruppenausstellungen, unter anderem in Holland, Österreich, Frankreich, Schweiz und Deutschland verweisen. Dazu wurden ihre Arbeiten vielfach mit Preisen gewürdigt.
„In der von Männern dominierten Kunstwelt will ich mich mit meinen großformatigen

Objekten durchsetzen und beweisen, dass ich als zierliche türkische Frau dazu fähig bin. Ich denke, es ist mir bis jetzt gelungen und bin stolz darauf."

Worte der selbstbewussten Aysegül Eren, die noch Großes vorhat.

Maghsoud Fallahi

Immer mehr verschwinden kleine Traditions-
läden aus den Städten.
Aber es gibt auch Ausnahmen, wie Das
Papiergeschäft im Kiez zwischen Charlottenburger Schloss und Klausener Platz. Seit
über 37 Jahren führt das Ehepaar Christina
und Maghsoud Fallahi den Laden und bietet
ein großes Sortiment von allerlei Schreib-
und Papierwaren an. Aber nicht nur dieses.
Im Nebenraum, wo Fax- und Fotokopiergerät
stehen, stellt der Besitzer auch eigene Kunstwerke aus. Dort hängen abstrakte Bilder und
dazwischen handgemalte Kalligrafien, das
Spezialgebiet von Maghsoud Fallahi.

Im Gespräch blickt er mit strahlenden Augen auf seine künstlerische Laufbahn zurück, die gar nicht so vorgesehen war.

Maghsoud Fallahi wurde am 20. März 1947 im Iran in der Hafenstadt Astara am Kaspischen Meer geboren. Mit seinen drei Brüdern wuchs er in Teheran auf. Der Vater war Beamter im Kulturministerium und die Mutter Grundschullehrerin. Zu Hause herrschten moderne, liberale Familienverhältnisse.

„Ich hatte großes Glück. Bevor ich die Schule besuchte, übte ich bereits schreiben und lesen. Das hatte mir meine Großmutter mütterlicherseits beigebracht. Dafür bin ich ihr heute noch dankbar.
Ich erinnere mich, als ich ungefähr fünf Jahre alt war: Ich saß am Fensterbrett unseres Wohnzimmers, vor mir lagen Bleistift und Papier. Plötzlich, wie aus heiterem Himmel kam bei mir der Wunsch auf, Buchstaben mit schmalen und breiten Linien zu schreiben. Denn diese Schriftzeichen waren für mich allgegenwärtig. Ich sah sie auf Schildern und Reklametafeln und hatte sie in gewisser Weise verinnerlicht. Das waren meine ersten Versuche Kalligrafien zu zeichnen." Noch heute erinnert sich Maghsoud Fallahi an diese einprägsame Szene.

Was dem kleinen Jungen damals in Teheran gelang, konnte er zu dieser Zeit noch nicht richtig einordnen: Die Bedeutung der ‚Kalligrafie' - ein aus dem Griechischen übersetzter Begriff für ‚die Kunst des schönen Schreibens'.

Im asiatischen Raum - in China, Japan, Korea, Iran - und den arabischen Ländern gelten traditionelle Kalligrafien als eine hochgeschätzte Kunstform.

„Ich hatte schon ab der 4. Grundschulklasse Kalligrafie als Unterrichtsfach. Das zog sich noch bis zur 10. Klasse auf dem Elite Gymnasium Alborz hin. Da ich mich schon seit frühester Kindheit mit Kalligrafie beschäftigt hatte, fielen meine Noten zur Freude meiner Eltern immer sehr gut aus. So ungefähr mit zwölf Jahren entdeckte ich dann auch mein Interesse für die Malerei. Mit einfachsten Mitteln hatte ich mir Farben gemischt und begonnen einfach darauf los zu malen. Die gegenständlichen, naturalistischen Motive, brachte ich mir autodidaktisch bei", berichtet Maghsoud Fallahi stolz.

Nach dem Abitur wollte er mit 18 Jahren die Welt kennenlernen. Sein Traumziel damals war New York. Um dorthin zu gelangen, entschied er sich zunächst für den Umweg nach Österreich, um an der Montanuniversität in Leoben/Steiermark ein Studium im Erdölwesen zu beginnen.

Als ihm endlich das Studienvisum für die USA zuerkannt wurde, unterbrach er seine Ausbildung und flog nach New York. Er besuchte dort eine Sprachschule, die er mit einem Sprachdiplom beendete. Danach zog es ihn jedoch wieder nach Europa zurück.

Dieses Mal wählte er Berlin als sein Ziel. Das war 1968, ein Jahr nach dem Besuch des Shah Reza Pahlavi in der Stadt und den Demonstrationen gegen ihn.

Hier lebten bereits einige Freunde von Maghsoud Fallahi. Die Stadt hatte damals nicht nur für ihn eine große Anziehungskraft, sondern auch für viele politisch aktive, iranische Studenten.

Bereits drei Jahre zuvor war Maghsoud Fallahi in Österreich der CISNU (Confederation of Iranian Students/National Union) beigetreten. In Berlin angekommen, wurde er folgend mehrmals in den Vorstand der Berliner Sektion der CISNU gewählt. Die Organisation trat für Demokratie und freie politische Betätigung im Iran ein.

Neben seinem politischen Engagement

absolvierte er an der Berliner Freien Universität ein Volkswirtschaftsstudium.
Und lernte 1969 Christina kennen, die er sechs Jahre später heiratete.

„Mitte der 70iger Jahre, ich war damals Ende 20, begann für mich ein neuer Lebensabschnitt. Möglicherweise fühlte ich durch die Geburt meiner beiden Töchter, dass ich reifer geworden war. Mein Blick verstärkte sich nach innen, und ich fing wieder an, mich mit Kalligrafien und Malerei zu beschäftigen. Beides hatte ich in den vergangenen Jahren vernachlässigt", äußert sich Maghsoud Fallahi rückblickend. „Meine neue malerische Schaffensperiode zeichnete sich dadurch aus, dass das Abstrakte und die Akzentuierung durch Farbgebung die Beherrschung meiner Bilder ausmachten. Durch die Befreiung von strikter Form und Gestalt, verschaffte ich mir den nötigen Freiraum, meine Empfindungen und Emotionen besser auszudrücken."

Seit mehr als 50 Jahren wohnt das Ehepaar Fallahi jetzt schon im Kiez.
In ihrer Charlottenburger Wohnung am Klausner Platz hat sich Maghsoud ein Atelier eingerichtet. Vom Balkon aus überblickt er den gesamten Platz mit den angrenzenden Altbauten und der Kuppel des Charlottenburger

Schlosses, die ihn zu allen Jahreszeiten immer wieder motivieren, sie in seinen Bildern festzuhalten. Inzwischen gleicht die große Wohnung einer Galerie. In jedem Zimmer hängen dutzende Bilder und Kalligrafien, deren Schriftzeichen teilweise von der traditionellen Art abweichen. Denn Maghsoud Fallahi zeichnet seine Kalligrafien in einer modernen Form, wie sie auch zunehmend im Iran verwendet wird.

Auf einem Sockel im Wohnzimmer steht eine einen Meter hohe, in sich bewegliche Skulptur aus Erlenholz mit dem Schriftzug: ESCHG – übersetzt: Liebe. Die Skulptur hat ein Schreiner nach einem Entwurf des Künstlers für ihn angefertigt. Daneben steht eine kleinere Plastik aus Acryl, die den gleichen Schriftzug trägt. Es sind dreidimensionale Meisterwerke der Kalligrafie.

Wer die Arbeiten von Maghsoud Fallahi sehen will, muss sich in die 4. Etage seiner Wohnung oder in Das Papiergeschäft, Klausenerplatz 4, begeben.

„Ich habe mich nicht so richtig leidenschaftlich darum bemüht, meine Werke auf der großen Bühne zu präsentieren. Wahrscheinlich wegen des herrschenden Klimas in den Kulturbetrieben. Ich fand im Allgemeinen nicht so die richtige Lust, mich dahingehend zu engagieren. Eine Ausnahme machten die ausgestellten Werke im Statthaus Böcklerpark in der Prinzenstraße in Kreuzberg. Dort war ich zweimal mit anderen Künstlern in der Ausstellung Querschnitt vertreten. Außerdem hatte ich noch Ausstellungen in diversen Räumlichkeiten, wie etwa im Café Analee, in der Momsenstrasse und im Kunsthandel Skowronska, in der Schustehrusstrasse." Bescheiden fügt er hinzu: „Das genügt mir vorerst. Ich habe Freude an der Verwirklichung meiner Kunst. Kalligrafie als schöne Schrift zu zeichnen, bedeutet für mich eine Gabe und ist ein Teil meines spirituellen Lebens."

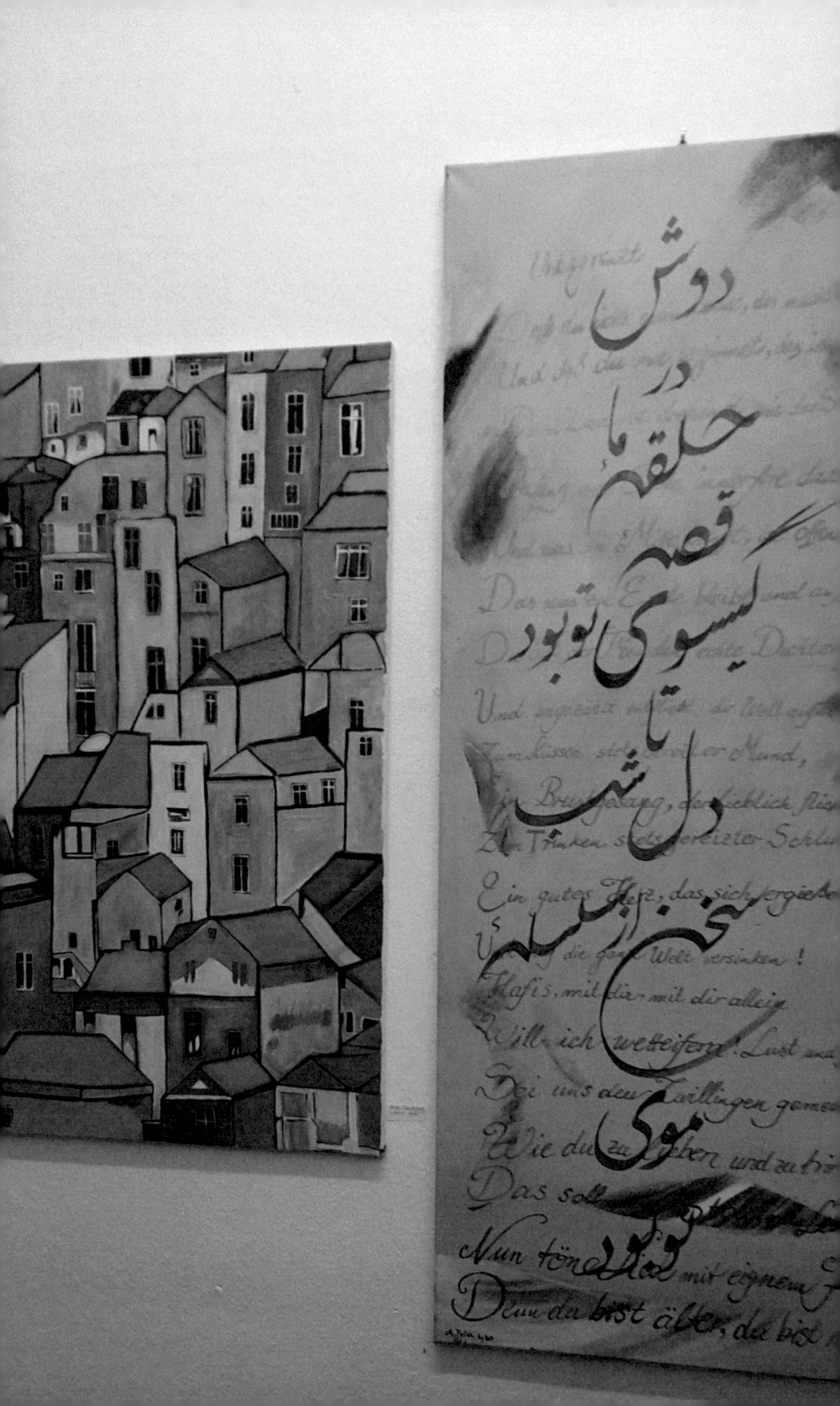
دوش
در
حلقهٔ ما
قصهٔ
گیسوی تو بود
تا دل شب
سخن از سلسلهٔ
موی
Zum Trinken
Ein gutes Herz, das sich
die ganze Welt versinken!
Hafis, mit dir, mit dir allein
Will ich wetteifern! Lust
Sei uns den Zwillingen gemein
Wie du zu lieben und zu
Das soll
Nun töne
mit eignem
Denn du bist älter, du bist

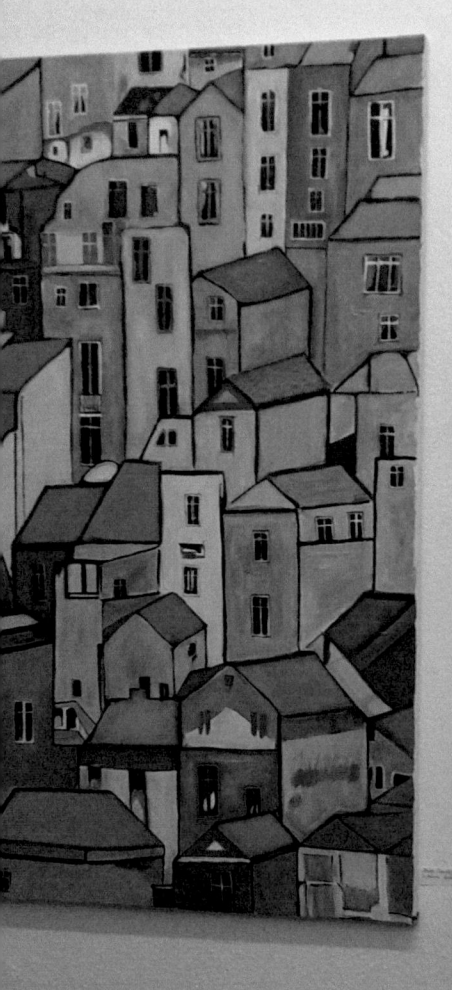

SOOKI Koeppel

„Weil mein koreanischer Geburtsname Hong Youn-Sook schwer auszusprechen ist, habe ich mir den Künstlernamen SOOKI zugelegt, der Vorname und Nachname zugleich bedeutet. Der klingt einfacher und lässt sich für Europäer besser aussprechen ", versichert SOOKI Koeppel.

Fast wäre aus dem Künstlerdasein von SOOKI nichts geworden, obwohl sie schon früh ihre Neigung zur Malerei entdeckte und ausübte.
Nach dem Abitur wollte sie unbedingt an der Universität in Seoul Malerei studieren. Aber ihr Vater, der aus Nordkorea stammte, bestimmte patriarchalisch, dass ein Medizinstudium besser für seine Tochter sei.

„Mein Vater hatte keine gute Meinung von Malern. Die seien faul und lebensunfähig. Er sprach von brotloser Kunst, die nicht in ausreichendem Maße zum Lebensunterhalt beiträgt. Wahrscheinlich dachte er an seinen Vater, der als Bildhauer in Nordkorea die Familie kaum ernähren konnte. Also habe ich mich gefügt und ein Zahnmedizin-Studium gewählt."

Ihre Leidenschaft galt jedoch weiterhin der Kunst. Neben dem Studium nahm SOOKI, die 1954 in Seoul, Südkorea geboren wurde, Privatunterricht in Malerei und konnte schon als freischaffende Künstlerin arbeiten. Es folgten erste Ausstellungen in ihrer Heimatstadt.

Willensstark und mit dem Hintergedanken vielleicht doch noch ein Kunststudium aufzunehmen, wählte sie bewusst den Umweg, einen Auslandsstudienplatz für Zahnmedizin an der Freien Universität in Berlin zu bekommen.
Dabei war hilfreich, dass ihr die deutsche Sprache bereits vertraut war.
Auf dem Gymnasium lernte sie als Schülerin Deutsch als zweite Fremdsprache und besuchte parallel Kurse im Goethe-Institut in Seoul.
„Ich kam am 13. August 1984 in Berlin an und

wusste nicht, dass das ein historisches Datum für Deutschland ist. 1961 wurde an diesem Tag die Mauer gebaut, die wie bei uns die unterschiedlichen politischen Systeme trennte", erinnert sich SOOKI an ihre Ankunft.

In den ersten Jahren setzte sie zunächst ihr Studium der Zahnmedizin an der Freien Universität für einige Semester fort.

„Ein Jahr später habe ich mich an der Hochschule der Künste beworben und bin mit fadenscheiniger Begründung durchgefallen".

Aber SOOKI ließ sich nicht entmutigen und erweiterte als Gasthörerin und in der Künstlerweiterbildung der HdK ihr künstlerisches Handwerk bei den Professoren Dietmar Lemcke, Peter Müller und dem Bildhauer Karlheinz Biederbick.
Zunehmend stand die Kunst im Mittelpunkt ihres Lebens.

Als Glück bezeichnet SOOKI die Begegnung mit dem 17 Jahre älteren Professor Matthias Koeppel, der bereits mit seiner erfundenen Kunstsprache ‚Starckdeutsch' als Poet und erfolgreicher Maler die Kunstszene erobert hatte. Nicht nur, dass sie seine realistischen Berliner Stadtansichten und die zeitgeschichtlichen Themen bewunderte, er zeigte auch eine heimliche Sympathie zu ihr und sie war in ihn verliebt. Im Jahr 1995 heirateten sie. Und weil ein Jahr später ihre Tochter Mathilde zur Welt kam, gab sie das Studium der Zahnmedizin noch vor dem Abschluss endgültig auf.

Von ihrem Ehemann, der in seinen Werken einen neuen Stil kreierte, lernte SOOKI den ‚ Neokubismus' kennen, der zur Grundlage für die kompositorische Bildgestaltung ihrer Arbeiten wurde.
Mit individuellem Blick und realistischer Malweise begann sie ein Berlin nicht nur von seiner schönen Seite in Öl zu malen: Mauerreste mit viel Gerümpel und Autowracks am Potsdamer Platz, unvollendete Baustellen, die Ruine des Palastes der Republik oder ein dampfendes Heizkraftwerk.

Unter all den Techniken, die SOOKI beherrscht, ist eindeutig die Vorliebe zur Tuschmalerei aus ihrer Heimat zu erkennen, die sie vorwiegend in Stillleben anwendet. Es entstehen Blumen, Gemüse, Kräuter und Werkzeuge, die sie zu ungewöhnlichen Kompositionen zusammensetzt.
Der Blick der Künstlerin seziert die Gegenstände mit Genauigkeit und Anteilnahme, die

dem Betrachter eine neue Sicht auf alltägliche Dinge eröffnen kann. Und um die poetische Dimension dieses Seherlebnisses hervor zu heben, greift sie häufig zu einem traditionellen Stilmittel der ostasiatischen Kultur, in dem sie an den Bildrändern rätselhafte Sinnsprüche in kleinster chinesischer Kalligrafie hinzufügt.

Wie sensibel sie mit der Aquarelltechnik umgehen kann, beweist sie in Motiven von Landschaften, am Meer oder den Großstädten, die sie auf original Korea-Papier wiedergibt.
Auf heitere, skurrile Weise malt die Künstlerin ihren Ehemann oder auch mal sich selbst. Die Porträts zeigen sie konzertiert mal mit Handy oder mit Fernglas, mal mit Gasmaske oder mit einer Lupe, die ihr Auge vergrößert.
Ihrem skeptisch dreinblickenden Ehemann verpasst sie eine Schießbrille. Schließlich meint SOOKI: „Spaß muss sein"!

SOOKIs Werke wurden in Einzelausstellungen oder zusammen mit den Bildern von Matthias Koeppel im In- und Ausland gezeigt.
Die umtriebige Künstlerin ist Mitglied im Deutschen Werkbund und engagiert sich mit unterschiedlichen Aufgaben in verschiedenen Gremien: Vorsitzende der ‚Initiative

Kultur-DENKMAL Berliner Teufelsberg e.V.',
Vorstandsmitglied der , Ingeborg Leuthold
Stiftung', Vorstand des , Vereins Berliner
Künstler'. Lange Zeit vertrat SOOKI als ehe-
malige Vorsitzende den , Koreanischen Lite-
raten Verein' in Deutschland und war auch im
Vorstand der , Deutsch-Koreanischen Gesell-
schaft'.

Das Malerehepaar Koeppel ist mit den Jahren
seiner künstlerischen Zusammenarbeit zu
einer Berliner Institution geworden.
In ihrer Galerie SMK, Wittelsbacher Str. 28
in Wilmersdorf, kann man häufig samstags
beiden Künstlern bei ihrer Arbeit über die
Schulter schauen und ihre ausgestellten
Werke bewundern. Am besten einen telefoni-
schen Kontakt unter: 01778738934 herstellen.

Wenn die Frage gestellt wird, ob die Künstlerin ihre Heimat vermisst, antwortet SOOKI:
„Ich habe noch Kontakt zu Freunden und Verwandten in Korea. Aber ich lebe jetzt länger in
Berlin als in Korea. Ich fühle mich als Berlinerin."

서히 자취를 감추는 서베를린의 현장건물
Bhf. Lehrter Stadtbahnhof 을 바라보며...
千八年 四月 洪婉淑
SOOKI 洪 '08

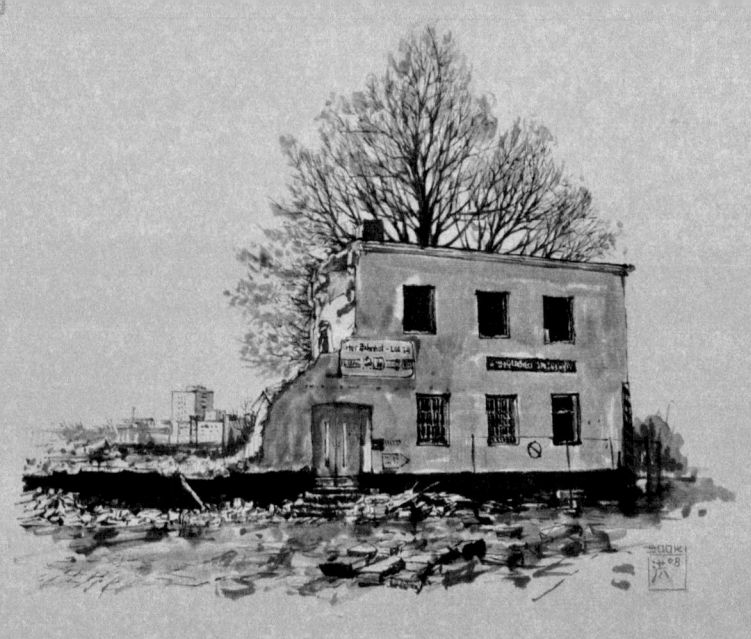

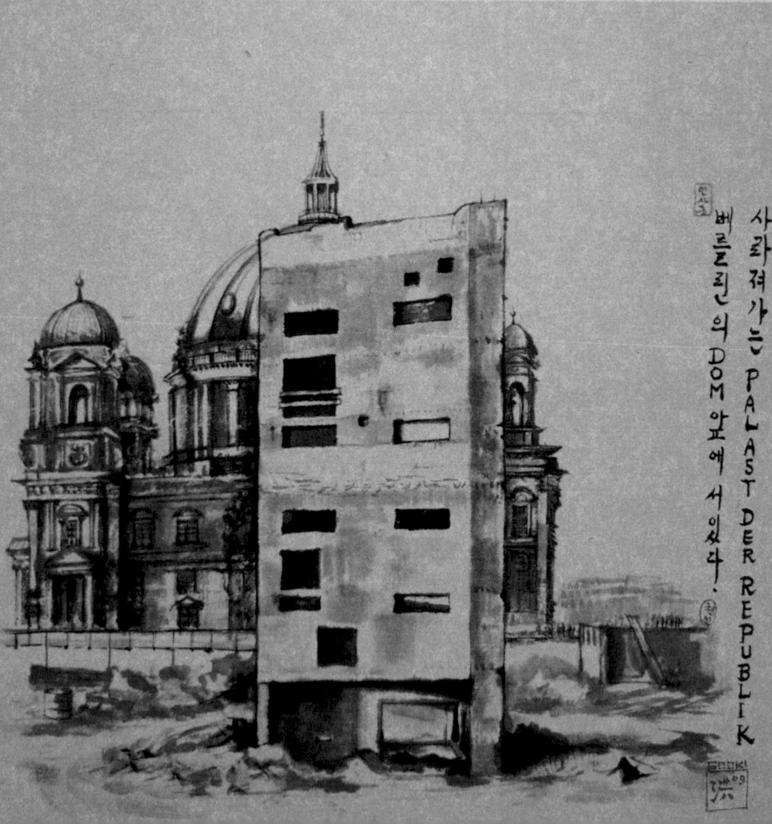
사라져가는 PALAST DER REPUBLIK
베를린의 DOM 앞에 서있다.
SOOKI 洪 '09

Abuzer Güler

Wann er zum ersten Mal zu zeichnen begann, weiß Abuzer Güler heute nicht mehr. Er erinnert sich nur, dass er unter den aufgehängten Sesamringen an seinem Verkaufstand mit dem Finger in die heruntergefallenen Sesamkörner Figuren hineinzeichnete. Die Kinder, die sich um ihn scharten, bewunderten seine kleinen Kunstwerke. „Ich muss so neun oder zehn Jahre alt gewesen sein. Es geschah aus purer Langeweile, wenn ich auf Kunden wartete. Erst später zeichnete ich Schafe und Ziegen, die wir im Sommer großzogen und die dann im Winter geschlachtet wurden. Dann hatte ich wenigstens eine Erinnerung an die mir liebgewonnenen Tiere."

Abuzer Güler war der Jüngste von fünf Geschwistern.

Als er 1950 in der ostanatolischen Stadt Malatya zur Welt kam, war sein Vater bereits verstorben. Bereits vor seinem Tod hatte dieser verfügt, dass seine erste Frau, die keine Kinder bekommen konnte, zusammen mit in der Wohnung leben sollte.

Abuzers Mutter, eine Analphabetin, musste nach dem Tod ihres Ehemannes jetzt allein für die Familie sorgen. Sie fand Arbeit und konnte mit ihrem geringen Verdienst ihre fünf Kinder gerade so über Wasser halten. Ab diesem Zeitpunkt führte die erste Frau des Vaters den Haushalt der Familie. „Wir hatten zwei Mütter, die uns Kinder großzogen. Es war ein Glücksfall. In unserer Armut hätte es vermutlich meine Mutter alleine nicht geschafft, uns alle zu versorgen."

Als einziger in der Familie besuchte Abuzer das Gymnasium. Er war ein guter Schüler, aufgeweckt und neugierig. Die Familie ist kurdischer Abstammung und gehört der Religionsgruppe der Aleviten an. „Bildung ist für uns Aleviten sehr wichtig, um ein humanes Leben führen zu können", beteuert Güler.

Aleviten sind nach den Sunniten in der Türkei die zweitgrößte Religionsgemeinschaft, die durch Werte wie Nächstenliebe, Bescheidenheit und Liberalität ihren Glauben ausrichten.

Nach dem Abschluss im Gymnasium ließ sich Abuzer in einem Dorf in einer ostanatolischen Provinz als Lehrer anstellen. Für einen geringen Lohn brachte er den Schülern Lesen und Schreiben bei. Es war seine erste Anstellung, die er unter primitiven Verhältnissen verrichtete. Geschlafen hat er zu dieser Zeit im Klassenraum, den er tagsüber wieder für den Unterricht herrichten musste. Sein Lehrerdasein wollte er nach zwei Jahren nicht weiter fortführen. Zumal er sich intensiver mit der Malerei beschäftigte.
Sein Wunsch, ein Kunststudium in Ankara oder Istanbul zu belegen, scheiterte aus finanziellen Gründen. So schwebte ihm ein Studium im Ausland vor. Dort, wo es leichter ist zu arbeiten und gleichzeitig zu studieren.

Dazu kam ihm die Unterstützung seines Schwagers gelegen, der seit einiger Zeit als Gastarbeiter in Berlin lebte und ihm von der Möglichkeit eines Arbeitsaufenthaltes in Deutschland erzählte. Darin sah Abuzer eine Chance, ein Studium zu absolvieren.

1971 machte er sich auf den Weg in ein fremdes Land.

Zunächst nahm er den Bus von Malatya nach Istanbul, dann den Zug nach Berlin. Die Fahrt schien unendlich lang, bis er schließlich das Ziel seiner Reise erreichte.

Als erstes suchte er Arbeit, um seinen Lebensunterhalt zu finanzieren.

Vormittags war er als Hilfsarbeiter auf dem Bau beschäftigt, am Nachmittag lernte er die deutsche Sprache am Goethe-Institut.

In seiner spärlichen Freizeit und in der beengten Behausung seines Schwagers setzte er seine Malerei fort. Es waren Motive, die er als Erinnerung an seine Heimat auf Papier brachte.

Es dauerte fast zwei Jahre, bis er sich an der Hochschule der Künste (HdK) bewerben konnte. Dort wurde er jedoch für ein Studium abgelehnt.

Seine künstlerische Arbeitsmappe genügte den Anforderungen der Hochschule nicht.

Enttäuscht holte er sich bei türkischen Freunden, die bereits studierten und das Aufnahmesystem kannten, Tipps für einen zweiten Anlauf.

Aufgeben wollte er auf keinen Fall.

Mit einer perfekt zusammengestellten Mappe seiner Arbeiten wurde er schließlich für die

Aufnahme zur Prüfung in der HdK eingeladen. Die Freude war groß, als Abuzer Güler es schaffte, für einen Studienplatz aufgenommen zu werden.
Sein erster Lehrmeister war Professor Rudolf Kügler. Während des Studiums wechselte er zu Professor Martin Engelman, einem niederländischen Maler, dessen Meisterschüler er wurde.

Während seiner Studienzeit erhielt Güler vom DAAD (Deutscher Akademischer Austauschdienst) ein Stipendium für drei Jahre.

Wie alle jungen Türken, die eine akademische Ausbildung im Ausland abgeschlossen hatten, musste auch Güler nach Beendigung seines Studiums für drei Monate in der Türkei seinen Militärdienst ableisten.

Wieder zurück in Berlin, knüpfte Abuzer Güler an seine Tätigkeit als Lehrer an.
Für kurze Zeit fand er bei der Arbeiterwohlfahrt (AWO) eine Stelle als musischer Erzieher. Das half ihm, eine Arbeits- und Aufenthaltserlaubnis für Deutschland zu erlangen.

Seit 1982 setzte er im Internationalen

JugendKunst und Kulturhaus S27 in Berlin-Kreuzberg seine pädagogischen und künstlerischen Arbeiten weiter fort.

In der Bildungseinrichtung entwickeln Jugendliche aus verschiedenen Herkunftsländern gestalterische Konzepte, gemeinsam mit Kulturschaffenden aller Sparten. „Mit unserer Hilfe werden die Sinne der Jugendlichen geschärft und sie entfalten so ihre eigenständige Kreativität", erklärt Güler sein Engagement.

Als Stipendiat der Karl Hofer Gesellschaft stellte man ihm sein erstes Atelier zur Verfügung. Die künstlerischen Arbeiten machten Fortschritte. ‚Gastarbeiter' und ‚Fremd sein' beeinflussten seine Kunst thematisch.

Es kam zu zahlreichen Ausstellungen. Als erstes zeigte das Künstlerhaus Bethanien, mitten in Kreuzberg, in einer Einzelausstellung 1985 Werke von Abuzer Güler.

Inhaltlich schöpft er für seine Werke aus der Erinnerung an seine Heimat, dem einst Erlebten und seiner heutigen Gegenwart. seiner Bildgestaltung setzt sich zusammen aus expressiver Farbigkeit, verbunden mit abstrahierter Gegenständlichkeit.

Immer wiederkehrende Motive seiner Arbeiten sind:

Weibliche Gestalten, in Kopftücher und lange Gewänder gehüllt, die sich wie unter einer Last gebeugt angstvoll zu Gruppen zusammenscharen und eine gemeinsame Abwehr signalisieren. In ihrer Geschlossenheit suchen die Frauen in der Gemeinschaft Schutz. Sie bilden eine Schicksalsgemeinschaft, um so die Gefahr überstehen zu können. Es sind düstere Bilder.

Jedoch die Farbe Blau dominiert in den Illustrationen. In der Heimat des Künstlers steht Blau für die Hoffnung.

Ein anderes Thema, das Güler seit seinem Berlinaufenthalt berührt, ist der Zusammenprall der Kulturen. Menschen aus ländlichen Gebieten treffen auf die ihnen fremde Großstadtkultur, deren Ansprüchen sie nicht gewachsen sind.

Der in Berlin lebende türkische Schriftsteller Gültekin Emre schrieb über die Bilder des Künstlers: „... Fremde – in bedrückender Umgebung. Die belebte Stadt berührt sie nicht. Die Menschen in den belebten Straßen bleiben ihnen verschlossen ... Abuzer Güler versetzt sich in die Seele der Menschen und drückt deren schwermütige Gedanken aus ... Die Lage des Individuums kommt als Resultat gesellschaftlicher Zwänge zum Tragen."

Seit 1995 hat Güler die deutsche Staatsbürgerschaft. Er ist verheiratet, hat einen Sohn und zwei Enkelkinder.

In seinem Haus in Bukow im Bezirk Neukölln hat er sich unterm Dach ein Atelier eingerichtet. Dorthin zieht er sich oft für Stunden zum Malen zurück.

Güler hat sich im Laufe der Jahre auf verschiedene Inspirationen eingelassen, unter anderem auch die Werke von Paul Klee. Die Zusammenhänge der unterschiedlichen kulturellen Elemente in Gülers Malerei sind offenkundig. Er bezieht seine eigenen Wurzeln mit ein, bewegt sich zwischen abstrakter Kunst und islamischer Kalligraphie.

Daraus entstand eine ganz individuelle Ausdrucksmöglichkeit, die eine Leichtigkeit zwischen westlichen und östlichen Charakteren vermittelt.

Eine Synthese von Orient und Okzident.

Kani Alavi

Wenn Kani Alavi an seine unbeschwerte Kindheit im Iran denkt, erinnert er sich unwillkürlich an den Berg Sheitan Kuh im Osten von Lahidschan, auf Deutsch, den Teufelsberg. Von dort aus skizzierte er die Stadt, die unter ihm lag, die Blumenlandschaft, die üppigen Teeplantagen, die weitreichenden Reisfelder und das Kaspische Meer. Die Natur von oben zu betrachten zog ihn magisch an.

Bereits mit 10 Jahren begann Kani Alavi Gegenstände, die sich in seiner unmittelbaren Nähe befanden, mit Bleistift auf Papierfetzen, in Heften und Blöcken festzuhalten. Damals in Lahidschan im Nordwesten des Irans, wo er im Dezember 1955 geboren wurde und mit acht Geschwistern aufwuchs. Der Vater, von Beruf Koch, besaß zwei gutgehende Restaurants in der Stadt.

Es blieb wenig Zeit für die Familie. Die Mutter war vor der Geburt ihrer neun Kinder Lehrerin. Sie war zuständig für die Erziehung der acht Söhne und des einen Mädchens. Die Familie verbrachte in dem großen Haus mit dem weitläufigen Garten ein ungetrübtes Leben.

Das Maltalent Kanis fiel zuerst seinem älteren Bruder auf. Und er besorgte ihm Farben in Form von Farbresten in Tuben. Damit sollte sein jüngerer Bruder Kani versuchen, Motive in Öl auf Leinwand zu bringen.

Das erste Bild, das Kani in Farbe malte, zeigte einen weinenden Vater, der sein im Meer ertrunkenes Kind in den Armen trug. Er kopierte dazu ein Plakat, das er in der Stadt gesehen hatte. Diese bewegende Szene hatte Kanis Seele ergriffen.

So traurig die Angelegenheit auch gewesen sein mochte, Nachbarn und Freunde bewunderten die Malkunst des jugendlichen Künstlers und er bekam daraufhin seine ersten Auftragsarbeiten. Es waren hauptsächlich Fotomotive, die er abmalen sollte. Auf diese Weise verdiente er sein erstes Geld, das er großzügig unter seinen Geschwistern aufteilte.

Ab der 9. Klasse auf dem Gymnasium hegte Kani den Wunsch, eine weiterführende Schule im künstlerischen Bereich zu besuchen. Jedoch wurden dort hauptsächlich Tanz,

Musik und die englische Sprache unterrichtet. Für diese Fächer interessierte er sich nicht. Nur die im Nebenfach angebotene Malerei wollte er studieren. Seine Bewerbung ausschließlich für die Malklasse wurde jedoch abgelehnt.

Bei einem Besuch in Teheran entdeckte er in einem Buchladen Bildbände der russischen Künstler Ilja Jefimowitsch Repin, der als bedeutender Vertreter des russischen Realismus gilt, und Iwan Iwanowitsch Schischkin, ein herausragender naturalistischer Landschaftsmaler seiner Zeit.
Von ihren Werken war Alavi sofort begeistert. Er kopierte die Meister und sie dankten es mit so starker Inspiration, dass er sich in seiner Malerei weiterentwickeln konnte – auch ohne Ausbildung.

Sein Maltalent erweckte das Interesse von potentiellen Kunden, die ihm Motive lieferten, um sie dann auf Leinwände zu übertragen. Mittlerweile aber zogen auch seine eigenen Ideen in der Kunst das Interesse der Käufer an. Noch heute erinnert sich Kani: „Während meine Freunde sich auf dem Fußballfeld austobten, saß ich im elterlichen Garten und malte ununterbrochen. Obwohl Fußball zu meiner Leidenschaft gehörte, kam ich selten dazu mitzuspielen. Schließlich musste ich die Auftragsarbeiten erledigen."

1978 begannen die ersten Demonstrationen gegen das Schah-Regime in Teheran. Immer mehr Oppositionelle wurden aus nichtigen Gründen verhaftet und im Gefängnis gefoltert. Auch aus Kanis Freundeskreis waren einige unter den Verfolgten und Opfern.

Diese Ereignisse berührten ihn stark. Er wollte etwas dagegen tun. Seine Wut drückte er in Karikaturen gegen Schah Reza Pahlavi aus. Ein Bild zeigte den verhassten Herrscher als Hündchen an der Leine von Amerikas Präsidenten Carter.

In seiner Heimatstadt schloss sich Kani einigen im Untergrund agierenden linken Aktivisten an. Statt Blumenlandschaften malte er nun die Konterfeis von Revolutionären wie Che Guevara, Marx und Lenin auf Transparente, die für die Demonstrationen in Teheran bestimmt waren. Und für jeden sichtbar auch die Gesichter seiner inhaftierten Freunde.

Die Bilder von Demonstrierenden mit diesen Transparenten gingen um die Welt.

Der Schah dankte ab und der Iran erlebte 1979 eine Revolution. Eine neue Herrschaftsmacht betrat die Bühne, die der Islamische Republik unter Ajatolla Khomeini. Es sollte alles noch schlimmer werden.

Für Kani Alavi war das ein Signal, seiner Heimat den Rücken zu kehren. Er brauchte Freiheit und keine Einengung seiner Persönlichkeit. Auch für seine Kunst sah er keine Perspektive mehr.
Ein akademisches Kunststudium in Europa schwebte ihm vor.

Ende 1980 bestieg der 24-Jährige das Flugzeug in Teheran und landete zunächst in Berlin auf dem Flughafen Tegel. Die Stadt sollte nur ein Zwischenstopp sein, Rom oder Paris waren seine eigentlichen Ziele. Das Einzige, was er über Berlin wusste, war, dass es eine Mauer gab, die er aus dem Flugzeug auch hatte sehen können. Die politischen Verhältnisse zwischen Ost und West waren ihm jedoch fremd.

In seinem Gepäck befanden sich Adressen von Weggefährten aus dem Iran, die in West-Berlin studierten. Großzügig bot ihm ein Freund in seinem kleinen, beengten Zimmer im Studentenheim ‚Sigmunds Hof' einen Schlafplatz an. „Kunst will ich studieren", verkündete Kani seinem Freund Samad.
„Das ist doch kein Fach. Du kannst doch schon malen. Werde lieber Arzt oder Architekt. Die Künstler hier sind alle verrückt!", gab Samad zu bedenken.

„Ich bin auch verrückt! Also passe ich hierher!", antwortete Kani.
Es war zwecklos, ihn von seinem Plan abzubringen.

Tage später begleitete Samad den Freund, der über keinerlei Deutschkenntnisse verfügte, in das Sekretariat der HdK, der Hochschule der Künste, der heutigen Universität der Künste. Dort erfuhren sie, dass in fünf Wochen die nächste Aufnahmeprüfung stattfinden würde und eine Mappe mit zwanzig Arbeiten vorliegen müsste.
„Wie soll ich das schaffen? Ich habe kein Atelier, kein Material und keine Ruhe zum Arbeiten", fragte sich Kani.

Als Studentensprecher kam Samad an die Schlüssel zum Keller des Wohnheims. Dort wusste er von einem Raum, den der Hausmeister nur im Falle einer Havarie aufsuchen würde. Es war die Heizungsanlage. Der Raum hatte keine Fenster, an der Decke summten die Neonröhren – nicht gerade ein optimales Atelier zum Arbeiten. Doch Samad besorgte seinem Freund einen Stuhl, ein großes Holzbrett, eine Rolle Tapete und weiße Farbe zum Grundieren und Kani begann zu arbeiten.
Motive fand Kani Alavi im Wohnheim zur Genüge: Einrichtungsgegenstände, schla-

fende Studenten in ihren Betten und so weiter.

Mit den Skizzen und zwei Sorten Bleistiften zog er sich in den Keller zurück und brachte alles aufs Tapetenpapier. „Wenn du jemand kommen hörst, lösch das Licht und verhalte dich ruhig. Wir bekommen sonst Ärger", hatte ihm der Freund eingeschärft.
Dieser stickige Raum im ‚Untergrund' war Kanis einzige Chance, die Anforderungen für das Studium zu bewältigen. Und er schaffte es!
Bei der Prüfung stand ihm Yadegar Assis, der heute weltberühmte Künstler monumentaler Panoramabilder, als Übersetzer zur Seite. Er war es auch, der das 20-köpfige Professoren-gremium von Kani Alavis Kunst überzeugen konnte.   Bei Professor Klaus Fuss-mann begann Kani Alavi Freie Malerei an der HdK zu studieren und wurde 1986 von diesem zu seinem Meisterschüler ernannt.
Bis 1988 belegte Kani Alavi noch ein Studium für Visuelle Kommunikation, Grafik und Design bei Professor Türmer.

Sein erstes Atelier fand er im Künstlerhaus über dem legendären ‚Café Adler' in der Frie-drichstrasse. Es lag direkt neben dem ‚Check-point Charly', dem Kontrollpunkt für Alliierte, Diplomaten und Ausländer zur Grenzüber-schreitung nach Ost-Berlin und umgekehrt.

Dort bekam er am Abend des 9. November 1989 hautnah die Öffnung der Berliner Mauer mit. Von seinem Fenster aus beobachtete er, wie die Menschen aus dem Ostteil nach West-Berlin strömten. Diesen Moment hielt er in Bildern fest. Es geschah im November heißt sein bekanntes Werk, das Alavi in Erinnerung an diese Nacht schuf. Es zeigt eine Öffnung in der Mauer, durch die sich Menschen in die Freiheit drängen. In den Gesichtern stehen Euphorie, Freude und Angst, was die Zukunft bringen wird.

Die Mauer wurde Teil seiner künstlerischen Identität. Bis heute lässt sie ihn nicht los.

Als im Frühjahr 1990 ca. 118 Künstler am ehemaligen Grenzstreifen an der Spree in Friedrichshain zusammenkamen, um die Reste der Berliner Mauer zu bemalen, gehörte Kani Alavi zu den Mitorganisatoren der großen Openair Galerie, der späteren East Side Gallery. Künstler aus 21 verschiedenen Ländern drückten auf dem 1,3 Kilometer langen Mauerstück ihre persönlichen Empfindungen zum Mauerfall aus. Großflächig malte auch Alavi das Ereignis, das ihn im November 1989 so betroffen machte. Die East Side Gallery avancierte zur Touristenattraktion. Sie stand auf dem Programm der Sightseeingtouren. Touristen aus aller Welt ließen sich vor den Motiven fotografieren. Auf die original Motive wurden Graffitis gesprüht oder Besucher hinterließen ihre Namen. Die Farben begannen zu verblassen, der Beton bröckelte ab. Trotz des regen Interesses - auch von Seiten einiger Politiker - fühlten sich die Berliner Behörden für den Erhalt der East Side Gallery nicht zuständig. Nach zehn Jahren drohte der Zerfall.

Um die Kunstwerke zu retten, kämpfte Kani Alavi unter anderem mit Unterstützung der Presse. Er gründete den Verein East Side Gallery, wurde zu dessen Vorsitzendem gewählt und ist es bis heute immer noch.
Auf der Suche nach Sponsoren konnte er zunächst im Jahr 2000 den Verband der Lackindustrie gewinnen, der sich mit einer Million D-Mark an der Sanierung der Mauerbilder beteiligte.
Nun mussten die jeweiligen Künstler ausfindig gemacht werden. Einige waren bereits verstorben, unbekannt verzogen oder wollten nicht mehr mitmachen, da sie auf ein hohes Honorar bestanden.
Für den Vorsitzenden des Vereins eine schier unlösbare Aufgabe. Immerhin aber konnten 43 Bilder von den Künstlern mit neuer Lackfarbe und Graffitischutz gerettet werden. Danach wurden die Mauerbilder 2008 unter Denkmalschutz gestellt.

Sein Engagement zum Erhalt der East Side Gallery erklärt Kani Alavi so: „Es ist unsere Aufgabe, die Geschichte authentisch zu bewahren, damit sie in ihrer Bedeutung nicht vergessen wird und sich nicht wiederholt."

Diesen Satz betonte er immer wieder, wenn er Politiker – darunter Frank-Walter Steinmeier, Eberhard Diepgen, Klaus Wowereit, Michael Naumann, Wolfgang Thierse, Markus Meckel, Rainer Eppelmann oder die Südkoreanische Ex-Präsidentin Park Geun Hye – an die East Side Gallery begleitete. Für sein Engagement zum Erhalt der East Side Gallery überreichte ihm der ehemalige Bundespräsident Christian Wulf 2011 das Bundesverdienstkreuz.

Es war die Genugtuung für all die Streitereien, den Ärger und Widerstand, den Kali Alavi erfahren musste.

Als eine weitere große Auszeichnung empfindet er, dass sein dreiteiliges Mauersegment ‚Eine Frau und ein Mann umarmen sich über die Mauer hinweg' mit dem Titel Ost-West im Dialog heute im Garten der Vereinten Nationen steht.

Der damalige Präsident des Deutschen Bundestages, Wolfgang Thierse, schenkte es dem ehemaligen UNO-Generalsekretär Kofi Annan und es wurde 2012 in New York feierlich eingeweiht, versehen mit einem Messingschild, auf dem der Name Kani Alavi steht.

Natürlich malt Kani Alavi weiter. Mit seiner besonderen Maltechnik, oft mit Pastellkreiden und Wachsstiften, hüllt der Künstler Blumen- und Landschaftsbilder in einen zarten Schleier und zugleich ausdrucksvolle Farben. Oft bestimmen satte, rote Mohnblumen im Vordergrund seine Motive. Es sind Bilder, die Harmonie und Freude ausdrücken. Immer wieder ist es die Natur, die ihn inspiriert.
An vielen Tagen beginnt er erst spät abends zu malen. Dann versinkt er bis in die Morgenstunden in seine Motive, begleitet von klassischer Musik, die ihn berauscht und wachhält.

Berlin-Kreuzberg ist zu Kani Alavis Heimat geworden. Hier lebt und arbeitet er in einem Atelier am Mehringdamm. In seinen naturalistischen Bildern stecken die Erinnerungen an seine Heimat und diese stellt er der Realität der Großstadt Berlin gegenüber. Der Stadt, in der es ebenso einen Teufelsberg gibt wie in seiner ersten Heimat.

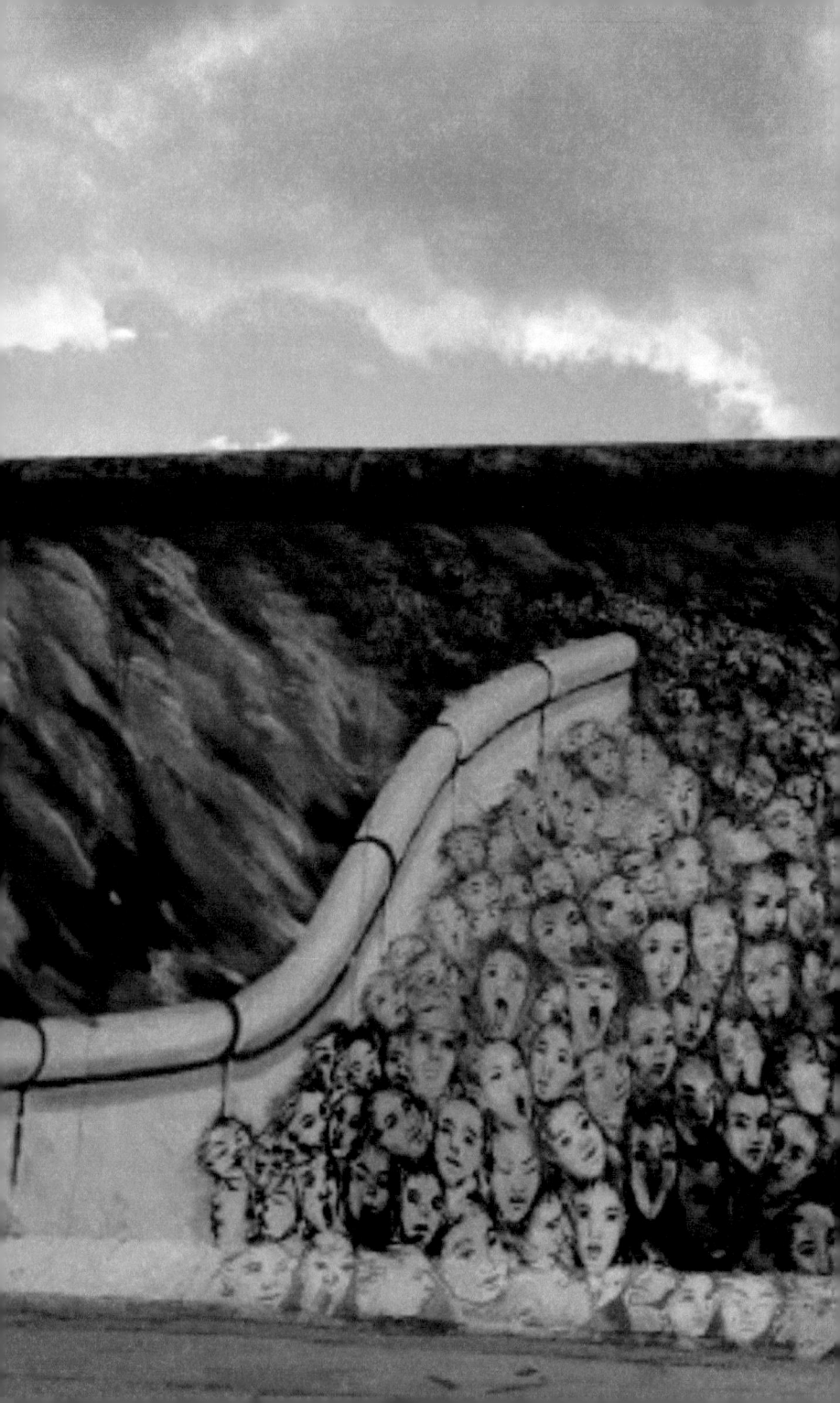

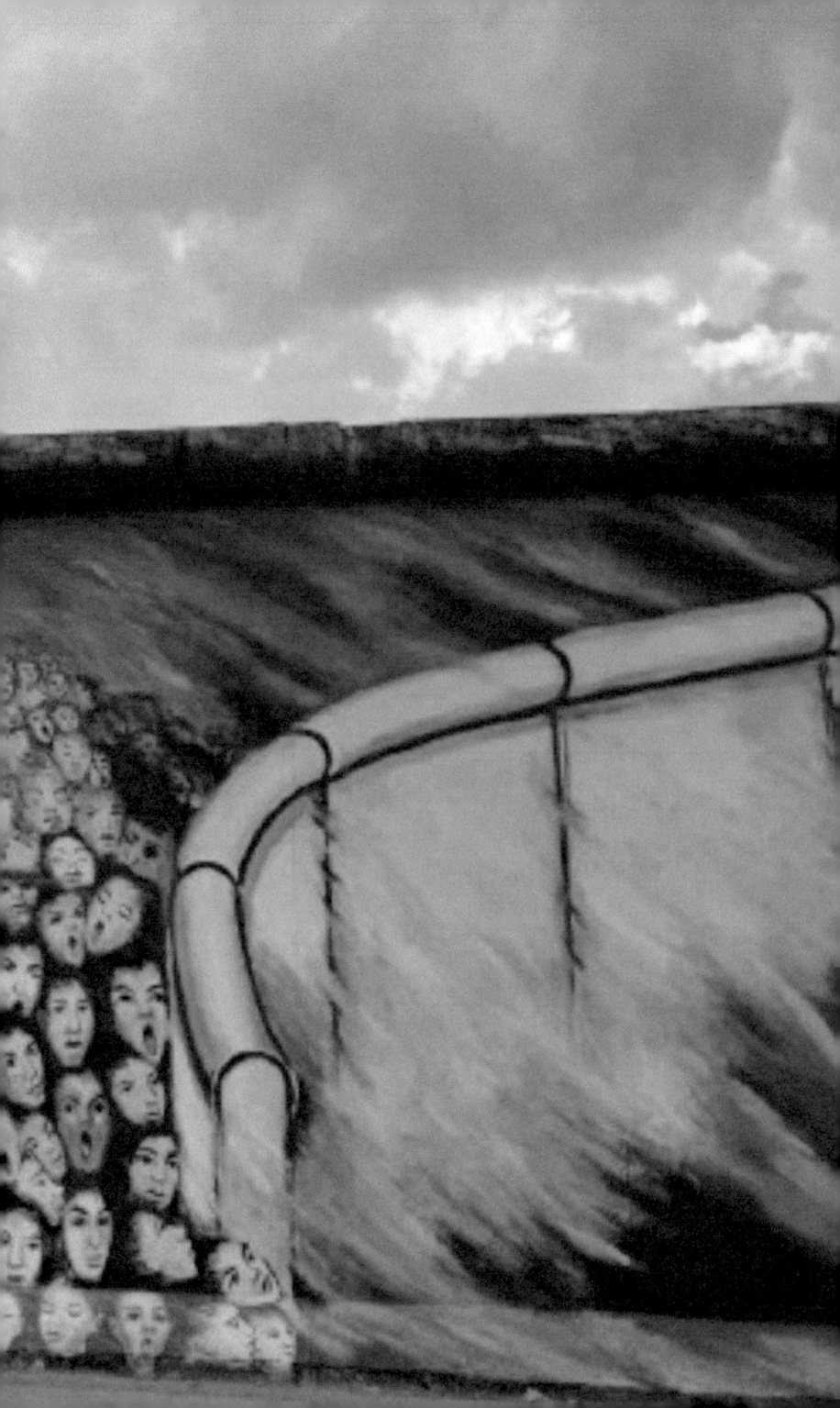

Hieronimus J. Ceckiewcz

Wer gegen 16 Uhr durch das Europa Center in Berlin-Charlottenburg schlendert, stößt unwillkürlich im Erdgeschoß auf außergewöhnliche Utensilien. Papier, Zeichenblock, Kohle- und Farbstifte liegen auf dem Boden. Dazwischen, unzählige gezeichnete Abbildungen von den Rolling Stones, John F. Kennedy, Marilyn Monroe, John Wayne und anderen Prominenten.

Zu dieser Uhrzeit richtet Hieronimus J. Ceckiewcz seinen täglichen Arbeitsplatz an der Rolltreppe zum Untergeschoß ein. Er stellt zwei kleine Klappstühle auf, einen für sich und einen für jene, die ihm gegenüber Platz nehmen wollen, um sich von ihm porträtieren zu lassen.

Seit 40 Jahren fertigt Hieronimus J. Ceckiewcz Porträts an von Frauen, Männern und Kindern in Berlin. Dazu benutzt er einen feinen Stift aus softer Künstlerkreide.

Den Personen schaut er nur kurz in die Augen und beginnt dann mit schwingenden Bewegungen seines Oberkörpers zu zeichnen. Innerhalb von sechs Minuten sind die Konterfeis fertig. Der Preis beträgt pro Person 10 Euro, kolorierte Bilder kosten 35 Euro.

Seine zufriedene Kundschaft besteht hauptsächlich aus Touristen, die gerne ein Souvenir aus Berlin mitnehmen.

Hieronimus J. Ceckiewcz wurde 1952 in Krakau/Polen als Sohn eines jüdischen Vaters und einer Mutter mit italienischen Wurzeln geboren. Er absolvierte ein Kunststudium für freie Malerei in Krakau und später in Warschau. Als bester Abgänger seines Studienjahrgangs 1977 wurde er mit einem Diplom ausgezeichnet.

Zunächst fand er eine Anstellung bei einer Zeitung als technischer Zeichner. Kurz darauf konnte er jedoch seine künstlerischen Fähigkeiten als Bühnenbildner beim polnischen Fernsehen beweisen.

Um dem entbehrungsreichen, kommunistischen Leben in Polen zu entfliehen, suchte er sein Glück in den USA. In New York bemalte er Grabsteine. Mit dieser Tätigkeit verdiente er jedoch zu wenig und beeindruckt von den vielen Zeichnern, die für schnelles Geld Porträts auf den Straßen New Yorks malten, begann auch er mit Porträtzeichnungen.

Nach vier Jahren reiste er zurück nach Europa und landete 1981 in West-Berlin. „Ich gesellte mich am Kurfürstendamm zu den Porträtmalern aus aller Welt einfach dazu. Das brachte mir Geld zum Überleben. Ich habe sogar einmal Helmuth Kohl gezeichnet", erinnert sich Hieronimus. Noch heute ist er stolz darauf. „Für meinen Platz auf der Straße musste ich damals 60 D-Mark monatlich zahlen. Das Geld wurde von jemand vom Berliner Senat kassiert, der uns auch kontrollierte."

Als der Winter nahte, suchte Hieronimus nach einem warmen, überdachten Ort. Da bot sich ein Platz im Europa-Center an.

Um in Deutschland bleiben zu können, benötige er als polnischer Staatsbürger eine Aufenthalts- und Arbeitserlaubnis. Zugute kamen ihm da Arbeitsaufträge im Schloss Charlottenburg, wo er sieben Jahre als Bild- und Rahmenrestaurator tätig war. Durch den damit verbundenen ordentlichen Arbeitsvertrag erhielt er die entsprechenden Aufenthaltsgenehmigungen.

Als Ausgleich seiner Tätigkeit als Restaurator, setzte er nach Dienstschluss seine Porträtmalerei im Europa-Center fort.

Noch immer hält sich Hieronimus J. Ceckiewcz seit 1981 am selben Ort auf. Für die drei Quadratmeter Fläche zahlt er an die Hausverwaltung des Europa Centers eine monatliche Miete. Den Sonderpreis verrät er jedoch nicht. Um 22 Uhr schließt er seinen ‚Laden', packt Material und Ausrüstung in seinen zweirädrigen Einkaufswagen und macht sich zu Fuß, per Bus und U-Bahn auf den Heimweg.

Am nächsten Tag ist er unermüdlich und zuverlässig wieder da.

Akira Nakao

„Es stört mich immer noch, wenn ich bei jeder Gelegenheit gefragt werde: Woher kommen Sie? Ich sage dann: Raten Sie! Die meisten antworten: Aus Vietnam oder China ... Aber mittlerweile habe ich mich auch an die Frage gewöhnt. Ich sehe nun mal Asiatisch aus!"
Selbstbewusst spricht Akira Nakao über seine Erfahrungen um sein Aussehen. Dabei fühlt er sich doch als Teil der deutschen Gesellschaft. Mit einer Unterbrechung in Augsburg, lebt er seit vielen Jahren mit seiner Familie in Berlin.

Geboren wurde Akira Nakao 1969 in Ashio in der Provinz Tochigi/Japan.
Kurze Zeit später zog die Familie in die Hauptstadt Tokio, wo sein Vater als Angestellter

bei einer Firma arbeitete. Die Mutter, Atsuko Nakao, entwickelte sich autodidaktisch zu einer hochgeschätzten Keramikkünstlerin. Und schon früh entwickelte auch ihr Sohn Interesse an Form und Gestaltung, wenn er ihr bei der Arbeit zuschaute. Aber in ihre Fußstapfen wollte er nicht treten. Er malte lieber.

Seinen Berufswunsch allerdings sah er zunächst in der pragmatischen Gestaltung von Gebäuden. Er beschloss Architekt zu werden. Nach dem Abitur begann er deshalb eine einjährige Fachausbildung in Malerei und Design, zur Vorbereitung für die Aufnahmeprüfung zu seinem Architekturstudium an der Tama Kunsthochschule in Tokio.

Bereits während seines Studiums beeindruckten ihn die expressionistischen Künstler aus Deutschland. Darüber hinaus entdeckte er die Werke des Architekten Gottfried Böhm, einem bedeuteten Architekten der Nachkriegsmoderne. Als ihn dann noch eine 40-Tage-Studienreise in verschiedene Städte Europas führte, unter anderem besuchte die Gruppe Berlin, Köln, Leipzig und München, weckte dies in Akira Nakao den Wunsch, ein Aufbaustudium in Deutschland zu machen.
Nach seinem Abschluss an der Tama Kunsthochschule 1994, begann er am Goethe Insti-

tut intensiv Deutsch zu lernen: „Ich hatte mich erkundigt und darüber nachgedacht, welche deutsche Stadt gefällt mir am besten, um dort ein Aufbaustudium zu beginnen? Berlin stand oben auf der Liste. Jedoch fiel meine Wahl auf Cottbus. Die Stadt schien mir zunächst überschaubarer zu sein. Ich habe ich mich dann 1995 an der Brandenburgischen Technischen Universität in Cottbus beworben. Und ich wollte den Wiederaufbau und die Stadtentwicklung im Osten miterleben. Da war eine gewisse Aufbruchstimmung zu spüren."

In Cottbus fühlte sich Akira Nakao als Exot. Und nach zwei Jahren erschien ihm die Stadt zu eng. In einer Großstadt, glaubte er sich als Japaner freier bewegen zu können und eine gewisse Anonymität zu bewahren. So entschied er, sein Architekturstudium an der Technischen Universität in Berlin fortzusetzen.
Gleichzeitig jedoch setzte sich bei ihm die Erkenntnis durch, dass er den Beruf eines Architekten nicht wirklich ausüben wollte. Und tatsächlich brach er das Studium ab.

Da er bereits in Cottbus mit der Ölmalerei angefangen hatte, verfolgte er in Berlin von nun an seine neue Idee: Er wollte sich als Maler etablieren. Akira mietete eine kleine Parterrewohnung in einem Hinterhaus in Berlin-Charlottenburg, in die gerade noch eine Staffelei hinein passte und begann zu arbeiten.

Ein Erlebnis auf dem Wittenbergplatz war schließlich ausschlaggebend dafür, dass er die Malerei endgültig zu seinem Beruf machte: Passanten, die ihm beim Skizzieren der Kaiser-Wilhelm-Gedächtniskirche über die Schulter schauten, sprachen ihn an und wollten seine Bilder kaufen. So bot er die Skizzen für jeweils 20 Mark an. Kein lukratives Geschäft, aber immerhin ein Anfang.

Um sich ein eigenes Bild von der Stadt zu machen, streifte Akira Nakao durch die Straßen und hielt Motive in Skizzen fest, die er dann zu Hause in Öl auf die Leinwand brachte.

Dabei entdeckte er in verschiedenen Stadtteilen Objekte, an denen andere Bürger sonst achtlos vorübergingen: Charakteristische Straßenlaternen, öde Großbaustellen, viele Baulücken und stillose Wohnhäuser. Viele dieser besonderen Stadtansichten malte er.

Aber auch bekannte Gebäude ließ er sichtbar werden, wie den Potsdamer Platz, den Hauptbahnhof, das Charlottenburger Schloss und immer wieder die Kaiser-Wilhelm-Gedächtnis-Kirche.

Wer die Bilder von Akira Nakao betrachtet, wird

sofort die Ähnlichkeit zu den Werken von Lyonel Feininger, einem Bauhauskünstler der Klassischen Moderne, erkennen. Die kubistische Flächenkonstruktionen in Farbe, die in dem prismatischen Malstil Feiningers zu finden sind, haben Akira Nakao in seinen Arbeiten stark beeinflusst. Eine besondere Rolle spielt dabei der Himmel, den er in verschachtelten Licht- und Farbflächen durch weiche Farbübergänge kontrastiert.

„Eine Zeitlang habe ich nur den Kaiserdamm gemalt, über den ich fast jeden Tag spazieren ging. Ich finde diese breite Straße sehr schön. Wie sich Neu- und Altbauten mischen, ist sehr gelungen. Meist machte ich frühmorgens dort ein paar Skizzen. Mein Lieblingsmotiv war eine Zeitlang die Baulücke Kaiserdamm Ecke Witzlebenstrasse, die jetzt zugebaut ist."

Und in Charlottenburg findet er immer neue Motive. Seien es die Straßen, Gebäude und der Park rund um Lietzensee oder Szenen im Park des Charlottenburger Schlosses. Diese Bilder brachten ihm den Ruf, ein ‚Charlottenburger Maler' zu sein. Und gerne lässt er sich als solcher betiteln.

Akira Nakao ist sich sicher, wäre er in Japan geblieben, wäre er wohl niemals Maler geworden. Erst in Deutschland bestimmte die Malerei sein Leben. Der Erfolg hat ihm bis jetzt recht gegeben: Kontinuierlich stellt er in zahlreichen Galerien in verschiedenen Städten Deutschlands und in Tokio seine Werke aus.

Tayfun Bademsoy

„Im Juni 1968 stieg ich mit meinen Geschwistern aus der Interflug Maschine am Flughafen Schönefeld und alles sah nur grau aus. Mit dem Zubringerbus fuhren wir dann weiter nach West-Berlin, wo es etwas bunter wurde. An dem Tag regnete es und ich habe gefroren, obwohl es bereits Sommer war. Ich nahm zunächst nur die mürrischen, ablehnenden und unfreundlichen Gesichter der Menschen wahr. Niemand lachte", schildert der Schauspieler Tayfun Bademsoy seine ersten Eindrücke in der neuen Heimat. „Ich erinnere mich noch genau. Damals war ich zehn Jahre alt."

Bis dahin lebte Tayfun in Mersin, einer Stadt am Mittelmeer im Südosten der Türkei.

„Meine Mutter ließ sich als Gastarbeiterin von den deutschen Behörden anwerben. Sie hatte einen Wunsch: Ihre Söhne sollten später in Europa studieren. Deshalb sah sie nur diese Möglichkeit, Geld in Deutschland zu verdienen, wo dringend Arbeitskräfte gesucht wurden."

Die gelernte Schneiderin kam nach Berlin und arbeitete zunächst am Fließband bei Telefunken, später als Stationshelferin im Virchow-Krankenhaus.
Durch die Familienzusammenführung konnte ihr Ehemann sechs Monate später nachkommen. Die drei Kinder, die zunächst bei einem Onkel in Mersin zurückblieben, folgten den Eltern ein Jahr später.

„Es war eine harte Zeit für mich. Ich musste die 5. Klasse der Grundschule wiederholen, anschließend sollte ich, trotz guter Noten, in die Hauptschule. Es war reine Schikane. Ich fühlte mich diskriminiert", erinnert sich Tayfun an seine Schulzeit. „Nur durch die beharrliche Beschwerde meiner Mutter bei der Schulleitung, konnte ich auf's Gymnasium."

Mit 17 Jahren ging Tayfun als Austauschschüler in die USA nach Montana. Dort blühte der bis dahin frustrierte Schüler plötzlich auf und belegte einen Kurs ‚speech and drama' in der 12. Klasse. Es machte ihm großen Spaß, wenn er Pantomime und Stand-up-Comedy machen durfte, denn da fühlte er sich in seinem Element.

Damals dachte er aber noch nicht daran, später die Schauspielerei als Beruf zu wählen. Nach einem Jahr war der Amerikaaufenthalt beendet, und bestand danach auf der Martin-Buber-Oberschule das Abitur.

Anschließend studierte Tayfun Psychologie an der Technischen Universität (TU). Bereits während des Studiums im Jahr 1979 begann seine Schauspielkarriere.

Der Regisseur Peter Keglevic suchte für den SFB-Fernsehfilm ‚Zuhause unter Fremden' einen jungen Türken. Er entdeckte das schauspielerische Talent von Tayfun Bademsoys und bot ihm seine erste Hauptrolle an, neben dem damals noch unbekannten Herbert Grönemeyer. Auch seine Mutter Sabahat durfte in dem Gastarbeiterstück mitspielen. Der Film entstand als früher Beitrag zur Thematik türkischer Emigranten in Deutschland.

Inzwischen hatte sich mit Unterstützung der Volkshochschule Kreuzberg in der Friedrichstrasse das erste türkischsprachige Theater Tiyatro etabliert. Gegründet von dem Schauspieler und Regisseur Meray Ülgen aus der Türkei. Zu der Zeit spielten überwiegend Laiendarsteller in selbsterarbeiteten Stücken mit.

In Folge der Begegnungen von Mitgliedern des ältesten Stadttheaters in Istanbul, verwirklichte der langjährige Theaterleiter und Regisseur der Schaubühne, Peter Stein, sein Anliegen, ein türkisches Ensemble an der Schaubühne am Halleschen Ufer 1979 aufzubauen.

Die besten und bekanntesten Theaterschauspieler und Regisseure aus der Türkei wurden für dieses Theaterprojekt engagiert. Unter anderem die Regisseure Basar Sabuncu, Beklan Algan und seine Frau, die Schauspielerin und Sängerin Ayla Algan, der Schauspieler Tuncel Kurtiz und der Komiker Sener Sen.

Die unterschiedlichen Aufführungen wurden in türkischer Sprache gespielt, um möglichst viele in Berlin lebende Türken ins Theater zu locken. Diese machten jedoch nur mäßig Gebrauch davon.

Die zweisprachigen Theaterhefte ermöglichten es dafür den deutschen Zuschauern, den Inszenierungen problemlos zu folgen.

Es waren die ersten türkische Theateraufführungen, die über fünf Jahre auf einer der bedeutendsten Bühnen Deutschlands stattfanden.

An diesem Projekt war auch Meray Ülgen beteiligt. Er empfahl, den 22-jährigen Tayfun

Bademsoy als Dolmetscher einzusetzen und konnte ihm so den Kontakt zur Schaubühne ermöglichen. In den türkischen Stücken übernahm Tayfun später dann auch kleine Rollen.

Für die Inszenierung des Theaterstückes ‚Klassen Feind' von Nigel Williams an der Schaubühne castete Bademsoy für Peter Stein junge, unerfahrene Türken. Dann fiel die Entscheidung des Regisseurs doch für Tayfun selbst aus. Er wurde engagiert, um einen türkischen, rebellischen Schüler zu verkörpern.
„Das Stück war ein großer Erfolg. 1983 wurde daraus sogar ein Film fürs Kino gedreht. Das war mein Durchbruch als ernstzunehmender Schauspieler, der niemals eine Schauspielschule besucht hatte", erinnert sich Tayfun.

Als der Regisseur Dominik Graf 1984 den Jugendfilm ‚Treffer' inszenierte, bekam Tayfun Bademsoy zusammen mit Dietmar Bär und Maximilian Wigger eine der drei Hauptrollen.
Die Milieustudie zeigte die Abenteuer und Alltagsgeschichten einer Clique von Motorradfreaks, die am Ende das tragische Scheitern ihrer Glücksvorstellung erleben mussten. Tayfun spielte überzeugend den unbekümmerten, südländischen Typ und behielt im Film sogar seinen eigenen Vornamen.

Anfang der 1990er Jahre lief die erfolgreiche ARD-Vorabendserie ‚Zwei Schlitzohren in Antalya'. Neben Horst Janson spielte Tayfun den Türken Vural Kaya, eines der Schlitzohren. Durch die 20 Folgen wurde er einem breiten Fernsehpublikum bekannt.

Weitere Serienrollen folgten in der ZDF-Krimi-Reihe ‚Ein starkes Team'. Er war in 42 Folgen zu sehen und brachte es immerhin bis zum ersten türkischstämmigen Kriminalhauptkommissar im deutschen Fernsehen.

Im ‚Polizeiruf 100' spielte Tayfun Bademsoy den türkischen Ehemann an der Seite Michaela Mays. Den Vater Metin Arkadas verkörperte er in der 16-teiligen Comedy-Serie ‚Alle lieben Jimmy'.

Es folgten Auftritte in diversen Folges des ‚Tatort', mal als Opfer, mal als Täter.

In über 400 TV- und Kinoproduktionen hat Tayfun Bademsoy bisher mitgewirkt. Sobald eine Rolle mit einem Türken besetzt werden sollte, war Tayfun gefragt.

„Mein Wunsch wäre, nicht immer als Ausländer in Rollen eingesetzt zu werden. Gerne würde ich mal den Arzt, den Nachbarn oder den Polizisten mit deutschen Namen, Karl oder Hans, spielen. Die Figur ist mir wichtig – und nicht der Name, der sich durch die Herkunft erklärt. Schließlich bin ich deutscher Staatsbürger." Um die Gleichbehandlung ausländischer Schauspieler zu fördern, gründete Tayfun Bademsoy die Schauspieler-Agentur foreign faces, die später in International Actors umbenannt wurde. Sie vertrat ausschließlich ausländische Schauspieler. „Es hat mich immer geärgert, dass nichtdeutsche Schauspieler nicht die gleichen Gagen erhalten wie ihre deutschen Kollegen. Ich habe erfolgreich mit meiner Agentur dagegen gekämpft und zähe Verhandlungen geführt. Schließlich wurden die Gagen angeglichen."

Aber Tayfun war zu sehr als Schauspieler, Synchronsprecher und zuletzt als Kurzfilmregisseur eingespannt. Dazu kamen noch diverse Bühnenauftritte in verschiedenen Städten, sodass er die Agentur 2007 aus Zeitgründen aufgab.
Auch mehr Zeit mit seinen beiden Kindern, mit deren Betreuung und Erziehung zu verbringen, war ihm sehr wichtig.

Beim Film-Ideen-Wettbewerb des Regisseurs Christian Schwochow in Mecklenburg-Vorpommern unterstützte Tayfun die Initiative Klappe gegen rechts. Als prominentes Jurymitglied begutachtete er Filme, die sich mit

Rechtsradikalismus auseinandersetzten. Sein Engagement begründete er damit: „Es geht um unser aller Demokratie und friedliches Zusammenleben und das können Filme inhaltlich erwirken!"

Bei den Dreharbeiten zu der Filmbiografie des amerikanischen Sängers Bobby Darin, Beyond the Sea – Musik war sein Leben, 2004 in Berlin und Babelsberg, bekam Tayfun eine Rolle. Er spielte den Aufstieg des türkischen Begründers von Atlantic-Records, Ahmet Ertegün, in Amerika.

Den Regisseur und Darsteller des Films, Kevin Spacey, empfand Tayfun während der Dreharbeiten als höchst professionellen und sensiblen Menschen. Noch heute ist er stolz auf seinen Part in dem mehrfach ausgezeichneten Hollywod-Werk.

Einen Traum würde sich Tayfun noch gerne erfüllen: Unter dem mexikanischen Erfolgsregisseur und mehrfachen Oscargewinner Alejandro González Inárritu an der Seite des Schauspielers Sean Penn zu spielen. „Das wäre mein größter Wunsch. Aber den roten Teppich brauche ich nicht. Den kann ich umgehen."
Vielleicht wird der Traum einmal Wirklichkeit. Im Filmgeschäft ist schließlich alles möglich.

Pavel Feinstein

„Früh zog es Shimon ben S. hin zur Malerei und fort aus Anus Mundi, seinem jüdischen Heimatdorf. Als der durchreisende, weltmännisch auftretende Kaufmann Josef aus Alexandria ihn warnt, sein Talent nicht zu vergeuden, fällt die Entscheidung: Auf seiner klugen Eselin Deborah reitet Shimon hinaus in die Welt und hinein in eine dionysische Existenz voll kurioser und frivoler Abenteuer. Shimon versteht sich auf die Frauen wie auf die Kunst, auf den Wein wie auf die Philosophie. Während er sein Geld mit Totenbildnissen für die Ägypter verdient, leuchtet sein Leben vor Aberwitz und Ungestüm."

Der skurrile Roman Krokodilopolis von Pavel Feinstein handelt von den Abenteuern des Shimon ben S.

Die Stadt mit dem griechischen Namen Krokodilopolis, dem Ort der heiligen Krokodile, ist das heutige al-Fayyüm in Ägyptens Norden im Nil Delta, sie diente als Fundament für Feinsteins Buch.

Es ist nur einer der magischen Orte, die der vagabundierende Künstler Shimon ben S. auf seinen denkwürdigen Reisen durch den Nahen Osten, Ende des 2. Jahrhunderts unserer Zeitrechnung, besucht. Als jüdischer Münchhausen, Narr und Schelm tischt er den Menschen bei seinen Begegnungen unglaubliche, hochunterhaltsame Geschichten auf.

In seinem Debütroman treibt Pavel Feinstein ein lustvoll-ironisches Spiel mit Ziegenhirten, toten Krokodilen, ägyptischen Priestern, Mythen, Religion und den eigenen jüdischen Wurzeln.

Die Geschichte kreiste seit Jahren in Feinsteins Gedanken. Aber erst im Alter von 60 Jahren schrieb er sie nieder und fand so zur Schriftstellerei. Denn eigentlich ist seine Profession das Malen und Zeichnen. So wundert es nicht, dass jedes Buchkapitel mit passenden Zeichnungen versehen ist.

In Moskau wurde Pavel Feinstein 1960 geboren. Bald darauf siedelte die Familie nach

Duschanbe, in der Sowjetrepublik Tadschikistan. Sein Vater hatte an der dortigen Hochschule eine Dozentenstelle für Architektur- und Kunstgeschichte übernommen.

Die Begabung zum Zeichnen entdeckte Pavel bereits mit 14 Jahren. Er bekam privaten Malunterricht und begann seine ersten Stillleben und Porträts zu malen.

Nach dem Abitur begann Pavel an der Kunst-Fachschule in Duschanbe zu studieren. Dort suchte er seine künstlerische Ausrichtung. Dabei orientierte er sich in seinen Anfängen an den Malereien von Cézanne, Picasso und Matisse, dessen Bewunderer er war.

1979 stellte die Familie einen Ausreiseantrag nach Israel. Es war die einzige Möglichkeit, aus der erstickenden Atmosphäre in der damaligen Sowjetunion zu entkommen.

Dem Schritt zur Ausreise der Familie folgte unterschwellig als Konsequenz, dass man Pavel mit seinen Arbeiten an der Kunst-Fachschule durchfallen ließ. Eine Zukunft, jemals den Abschluss zu erlangen, sah er nicht. Er verließ die Schule und konnte ohne Druck nach Lust und Laune malen.

Es dauerte neun Monate bis die Genehmigung zur Ausreise nach Israel kam. Nach einem Zwischenaufenthalt in Wien entschied jedoch die Familie schließlich 1980 nach West-Berlin zu emigrieren. Für den Vater, der deutschsprachig war, lag diese Option am nächsten.

Sogleich bewarb sich der 20-jährige Pavel mit einer Mappe seiner Zeichnungen und Malereien an der Hochschule der Künste (HdK), der heutigen UdK. Er studierte bei Professor Gerhart Bergmann und wurde später dessen Meisterschüler.

An der HdK durfte er nicht nur, er sollte sogar experimentieren, mit allem was Farbe und Fläche hergaben. Es war die Zeit der neu ausgerichteten Kunst: ‚ Die Jungen Wilden' oder ‚ Neuen Wilden', wie die Protagonisten, unter ihnen Rainer Fetting, Salomé, Helmut Middendorf, genannt wurden.

Mit den ‚ Neuen Wilden' hatte Feinstein wenig gemein. Auch wenn er als belächelter Sonderling galt, blieb er dem Realismus treu. Ihn inspirierten weiterhin Paul Cézanne, Pablo Picasso, Henri Matisse und die russischen Maler des 20. Jahrhunderts.

Lange Jahre besaß hauptsächlich die Malerei von Cézanne einen prägenden Einfluss auf Feinstein, aus dessen Werken konnte er viel lernen.

Das Stillleben blieb Feinstein eines seiner wichtigsten Themen.

Die Objekte, wie Teller, Gefäße, Tassen, Gläser, sind übersichtlich auf Tischen, Podesten und Stühlen auf wundersame Weise arrangiert.

Dazu liegen, wie zufällig gruppiert, vereinzelt oder mehrfach aufgeschnitten, gehälftet oder aufgebrochen, Granatäpfel, Äpfel, Birnen, Zitronen oder Oliven.

Auffällig sind die Tiere und Fische, die häufig mit weißen Tüchern an den Schwänzen und Mäulern umwickelt sind. Es sind skurrile Gegenstände, die Feinsteins Stillleben einzigartig machen. Dem Betrachter bleibt eine Erklärung selbst überlassen.

In seinen altmeisterlich gemalten Figurenbildern bekennt sich der Künstler mit reicher Symbolik zu seinen russisch-jüdischen Wurzeln. Die magisch wirkenden biblischen Szenen in fahlem Mondlicht, das dennoch die Personen gleichsam erglühen lässt. Männer tragen schwarze Hüte, sind halbnackt oder gar nicht bekleidet. Es sind asketische Leiber. Den eher fülligen, nackten Frauen verpasst er eine Art Turban. Alle Körper zeichnen sich durch grünliche Blässe aus, die sich harmonisch in das warme, düstere Blau ihrer Umgebung fügen.

Häufig spielt sich das Geschehen am Rande eines Wassers ab. Ziegen, Kälber oder Stiere leisten den menschlichen Gestalten Gesellschaft, wo diese mit Stöcken und Messern herumfuchteln. Es sind bizarre und gespenstische Szenen, die sich abspielen. Zugrunde liegen die biblischen Geschichten aus dem

Tanach, der hebräischen Bibel, die Sammlung Heiliger Schriften des Judentums
Mit diesen Werken widmete ihm das Jüdische Museum Berlin 2002/ 2003 eine umfangreiche Schau.
Es folgten in weiteren Städten zahlreiche Ausstellungen seiner Bilder zu unterschiedlichen Themen.
DIE ZEIT nannte Pavel Feinstein im Jahr 2010: , ... einen neuen Altmeister, der schwindelerregende Bildwelten erschafft, die von Schuld und Sühne, Fluch und Erlösung handeln.'
Weitere Schwerpunkte liegen in Feinsteins Porträtmalereien. Auf fast allen Bildern strahlen die Gesichtszüge eine gewisse Melancholie aus. Darunter sind prominente Gesichter zu erkennen, wie der Maler Johannes Grützke und der Radiologe Prof. Frank Ulrich Montgomery. Der Journalist Henrik M. Broder ist mit gefalteten Händen und einem skeptischen Blick dargestellt.
Im Gartenhaus der Nassauischen Straße in Wilmersdorf, bezog 2004 Feinstein sein jetziges Atelier, in dem einst der gesellschaftskritische Maler George Grosz seine Werke schuf, ehe er vor den Nationalsozialisten 1933 in die USA flüchtete.
Hier treffen sich jetzt Freunde und ehemaligen Studienkollegen zum Aktzeichnen. Weibliche und männliche Modelle stellen sich geduldig der Gruppe als Akt zur Verfügung.

Vom Justizministerium erhielt Pavel Feinstein den Auftrag, eine Bronzebüste von Fritz Bauer herzustellen.

Als hessischer Generalstaatsanwalt gehörte Fritz Bauer zu den ersten Juristen, die in der jungen Bundesrepublik begannen, die Verfolgung des NS-Unrechts aufzuarbeiten. Fritz Bauer war es, der den aufsehenerregenden Frankfurter Auschwitz-Prozess 1963 initiierte. Seit dem 30. Juni 2020 steht die Büste im Foyer des Ministeriums. Bei der feierlichen Einweihung erwähnte die Justizministerin, Christine Lambrecht: „Ich freue mich, dass wir für die Gestaltung der Büste einen renommierten Künstler gewinnen konnten. Ich finde, dass Ihnen eine sehr eindrucksvolle und stimmige Darstellung von Fritz Bauer gelungen ist. Er begegnet uns in Ihrer Darstellung mit kritischem, vielleicht etwas ernstem, doch zutiefst zugewandtem und offen Blick, als standfester Charakterkopf."
Es war Feinsteins aktuell letzte Arbeit als Bildhauer.

Yadegar Asisi

In einem seiner YouTube-Auftritte der Reihe Sehen & Gestalten erklärt der Künstler Yadegar Asisi, wie nützlich das Zeichnen im Leben sein kann.
Angefangen mit der Filmreihe hat er, als sich die Corona-Pandemie im Frühjahr 2020 ausbreitete und die Menschen zwang, Abstand zu halten und möglichst zu Hause zu bleiben. „Es war mir ein Bedürfnis, mein Wissen weiterzugeben."

Asisi ermuntert die Zuschauerinnen und Zuschauer, ihre Gedanken und Emotionen zu Papier zu bringen und mit dem Zeichnen anzufangen. Auch wenn sie vielleicht der Meinung sind, kein Talent zu haben. Mittlerweile hat er eine große Fangemeinde für seinen YouTube Kanal gewinnen können, die seine auf verständliche Art und Weise dargebotenen Ratschläge und Erläuterungen verfolgen. Darüber hinaus gibt er Denkanstöße und erzählt, wie er selbst zum Zeichnen kam.

Als er mit elf Jahren durch eine Krankheit gezwungen war, das Bett zu hüten, fiel ihm ein altes, verstaubtes Buch in die Hände: Die Nibelungen. Der Inhalt schien ihm nicht so wichtig, vielmehr beeindruckten ihn die Schwarzweiß-Illustrationen, auf denen die einzelnen Personen in ihren Handlungen dargestellt wurden: Brünhild, Kriemhild und Siegfried, der den Drachen bezwang. Fasziniert von den Bildern, begann der Elfjährige die Illustrationen nachzuzeichnen. Das waren die ersten Schritte zu seinem späteren künstlerischen Werdegang.
„Als Kind verspürst du Neugierde, Lust und Leidenschaft, die Welt anders zu sehen. Dabei war mir das Zeichnen eine große Hilfe", interpretiert Yadegar Asisi. „Ich bin der festen Meinung, dass Zeichnen genauso wichtig ist, wie Lesen und Schreiben!"

Yadegar Nemat Asisi Namini wurde als Sohn persischer Eltern im April 1955 in Wien geboren. Österreich war die erste Station seiner hochschwangeren Mutter, die mit gefälschtem Pass und ihren fünf Kindern aus dem Iran nach Europa flüchtete.

Ihr Ehemann konnte die Geburt seines jüngsten Kindes nicht mehr miterleben.

Yadegars Vater gehörte der verbotenen, kommunistischen Tudeh-Partei im Iran an. Er war einer von dreißig kommunistischen Offizieren, die einem Verrat zum Opfer fielen, und vom Schah-Regime hingerichtet wurden.

Für die hinterbliebene Familie gab es keine Zukunft, unter dem autokratischen Herrscher, Schah Reza Pahlavi, weiterhin im Iran zu leben. Deshalb folgte die Witwe dem Aufruf der Tudeh-Partei: „... sich in Länder der Volksdemokratien in Sicherheit zu bringen."

Von Österreich über Polen reiste die sechsköpfige Familie schließlich in die DDR. Die Stadt Halle wurde zunächst ihre neue Heimat. „Die DDR wusste nicht, wie man mit uns Ausländern umgehen sollte", erinnert sich Asisi an die Erzählungen seiner Mutter. „Sie wollten die beste Seite des Sozialismus zeigen, gaben uns eine Villa und stellten eine Köchin für uns bereit."

Seine spätere Kindheit und Schulzeit verbrachte Yadegar in Leipzig.

Obgleich die Familie einer kleinen persischen Minderheit angehörte, erlebte Yadegar nach seinen Erinnerungen in der DDR nie Diskriminierung oder Rassismus.

Wie viele seiner Mitschüler war er bei den , Jungen Pionieren'. Ausgegrenzt wurde er also nicht. Dennoch schwang ihm gegenüber oft ein wenig Neid auf die vermeintliche Freiheit der politischen Emigranten mit. Die Privilegien waren jedoch überschaubar. Trotz eines besonderen Ausweises für , Ausländer mit ständigem Wohnsitz in der DDR' ausgestattet, ließ sich die Grenze gen Westen jedoch nicht ohne Weiteres passieren. Es mussten zwingende Gründe angegeben werden. Zum Beispiel, Besuche von kranken Verwandten oder deren Begräbnis. Dafür gab es ein Tagesvisum.

Als Jugendlicher begann Yadegar das System der DDR zu hinterfragen.

Da waren die Mauer, die Repressionen gegen Andersdenkende, die nicht vorhandene Reisefreiheit.

Aber ihm war bewusst, dass dieser Staat seine Familie als Flüchtlinge aufgenommen und unterstützt hatte. Dafür war sehr dankbar. Das galt hauptsächlich für den Bereich der Bildung, denn alle seine Geschwister konnten studieren.

Er selbst studierte von 1973 bis 1978 in Dresden Architektur.

Das geschah mehr aus Verlegenheit denn aus

tiefem Interesse. Eigentlich wollte er Künstler werden, hatte jedoch keine Vorstellung, in welche Richtung es gehen sollte. So betrieb er das Zeichnen zunächst als Hobby weiter. Autodidaktisch brachte er sich auch das Pantomimenspiel bei, da er den französischen Pantomimen Marcel Marceau bewunderte.

Nach Abschluss seines Studiums forderte die DDR-Regierung Asisi zur Ausreise auf. Das kam nicht überraschend, denn es war fester Bestandteil der Vereinbarung über seinen Aufenthalt.
Nach Meinung des Zentralkomitees hatte die DDR ihre Schuldigkeit an den iranischen Flüchtlingen getan.
Ohnehin hätte Yadegar sich als Architekt nicht frei entfalten können. Die dominierenden industriell vorgefertigten Plattenbauten gaben wenig Spielraum zur eigenen Kreativität.
So sah er die Ausweisung als Chance für einen Neuanfang. „Ich habe in Ostdeutschland eine schöne Kindheit verbracht – ganz unabhängig von der Gesellschaftsform", resümiert Asisi. „Die Menschen und die DDR sind ein Teil meiner Entwicklung, die ich nicht missen möchte."

Mit 23 Jahren übersiedelte Yadegar in das pralle Leben 1978 nach West-Berlin, in den Bezirk Kreuzberg, wo er heute noch wohnt und arbeitet.
Als sich die Massen im Iran auf Demonstratio-

nen gegen Schah Reza Pahlavi erhoben und dieser 1979 ins Exil floh, folgte ein anderer Machthaber, der fundamentalistische Ajatollah Khomeini.

Zu dieser Zeit beschloss Yadegar, das Herkunftsland seiner Eltern kennenzulernen, in der Hoffnung, dass sich die Verhältnisse grundlegend verändern würden. Zumal seine Mutter bereits seit einigen Jahren wieder in Teheran lebte.
Auch er kehrte zurück und schaffte es, in einer eigenen Sendung im iranischen Fernsehen als Pantomime aufzutreten. Nach wenigen Folgen wurde diese jedoch wieder abgesetzt. Offensichtlich war seine Kunst den ‚Wächtern' zu dekadent oder sie vermuteten eine versteckte politische Botschaft. Den wahren Grund für das Ende hat er nie erfahren.

Yadegar kehrte nach einem Jahr im Iran nach West-Berlin zurück.

Hier konnte er jetzt endlich seiner Leidenschaft, der Malerei, nachgehen und an der Hochschule der Künste studieren. An der HdK lernte er bei Prof. Klaus Fußmann die Feinheiten und Vollendung des Malens.
Die Arbeiten von Yadegar Asisi überzeugten seinen Professor so sehr, dass er sein Studium als Meisterschüler bei diesem abschloss.

Durch seine Vielseitigkeit erhielt er anschließend von 1987 bis 1994 eine Lehrtätigkeit für
perspektivisches Zeichnen an der HdK. 1991
kam noch eine Gastprofessur im Fachbereich
Architektur hinzu.

An der Beuth-Hochschule für Technik in
Berlin erhielt er dann 1996 eine Professur auf
Lebenszeit. Jedoch führten unterschiedliche
Auffassungen dazu, dass er die Professoren-
stelle nach 13 Jahren aufkündigte.

Viel Aufmerksamkeit erlangte Yadegar Asisi
durch das Projekt BERLIN 2005 – CITYVISION auf
dem Berliner Alexanderplatz.
Sechs Jahre nach dem Mauerfall existierten
politische und städtische Vorgaben des neuen
Bauens in Berlin an historischen Plätzen.
Asisi präsentierte seine Vorstellung der einzelnen Bauprojekte in verschiedenen Pavillons in
Form von Panoramen, die an Panoramabilder des
19. Jahrhunderts erinnern. Der Erfolg seiner Panoramen, der sogenannten Rotunden, veranlass-
ten ihn dazu, mit neuer Technik weiter daran zu
arbeiten.

Kurz danach gab er endgültig seine Tätigkeit als
Architekt auf. Obwohl er mit seinen Kollegen
in dem Architekturbüro Brandt-Asisi-Bött-
cher seit 1990 mehrfach Auszeichnungen in

städtebaulichen Wettbewerben gewonnen hatte.

Von nun an widmete er sich Asisi konsequent der Realisierung illusionistischer Bildräume.

Seit 2003 kreiert Yadegar Asisi die größten Panoramen der Welt. Sie vermitteln Kunst und Sinnlichkeit zugleich.

Bei der Erarbeitung der einzelnen Objekte gehen hinter den Kulissen aufwendige Vorarbeiten voraus, die er mit seinem professionellen Team realisiert. Angefangen von der Idee, über die ersten Skizzen und Zeichnungen, führt die Arbeit über digitale Fotografien, die am Computer eingescannt und passend zu überdimensionalen 3-D-Bildern zusammengefügt werden. „Ich will für den Besucher den Eindruck entstehen lassen, mitten im Geschehen des Bildraumes zu sein. Dazu umrahmen Musik oder entsprechende Töne das Ereignis." So die konkrete Vorstellung des Künstlers.

In ehemaligen Gasometern in Leipzig und Dresden, die Asisi Panometer nennt, entdeckte er ideale Orte für seine 360°-Panoramen, die sich mit Natur oder historischen Ereignissen befassten.

Als Pilotprojekt für alle nachfolgenden

Großpanoramen präsentierte er die gigantische Naturgewalt des Mount Everest. Die außergewöhnliche Darbietung zog in Leipzig damals viele Zuschauer im Panometer an.

Hier eine chronologische Aufzählung seiner bisherigen Panoramen:

EVEREST – ROM 312 – AMAZONIEN – DRESDEN 1945 – DRESDEN IM BAROCK – DIE MAUER – LEIPZIG 1813 – ROUEN 1431 – LUTHER 1517 – PERGAMON 2011 und neu 2018 – GREAT BARRIERER REEF – TITANIC – CAROLAS GARTEN –
DIE KATHEDRALE VON MONET.
Einige Einblicke:

EVEREST – Erlebnis zwischen Expedition und Tradition
Anlass dazu war der 50. Jahrestag der Erstbesteigung des Mount Everest. Das Panorama präsentiert den höchsten Berg der Erde so, als wären die Betrachter im 6.000 Meter hohen Tal des Schweigens, dem letzten Basislager vor dem finalen Aufstieg auf dem Gipfel. Es offenbart eine eisige Bergwelt in einem einzigartigen Farbspiel von Hellblau bis Aquamarin, Schneeweiß hin zu Tiefschwarz.
LEIPZIG 1813 – In den Wirren der Völkerschlacht
Auf 3.500 Quadratmetern wurde die zer-

störte Stadt Leipzig unmittelbar nach Ende der Völkerschlacht 1813 gezeigt. Das Geschehen aus Sicht der bedrängten Bürger konnte der Besucher perspektivisch vom Dach der Thomaskirche verfolgen.

Carolas Garten – Eine Rückkehr ins Paradies
Eine faszinierende Welt des Mikrokosmos, die dem menschlichen Auge sonst vorborgen bleibt. Meterhohe Insekten, Blütenkelche, Blumen und Pflanzen bilden die Schönheit und Komplexität der Natur als Szenerie in einem heimischen Garten.

Anlässlich des 70. Jahrestag der Luftangriffe auf Dresden widmete sich Asisi im ersten Halbjahr 2015 im Panometer diesem Ereignis:

DRESDEN 1945 – Tragik und Hoffnung einer europäischen Stadt
In diesem Panorama fokussiert sich der Künstler auf die Zerstörung anhand der verheerenden Luftangriffe auf Dresden im Februar 1945.
Die Szenerie erschließt eine apokalyptische Trümmerlandschaft, aus der Flammen und Rauchsäulen aufsteigen. Menschliche Opfer, sowie mit Aschestaub bedeckte Über-

lebende sind erkennbar, die in diesem Ohn-
machtsmoment nach einer Zuflucht suchen.

Neben einer Vielzahl durch den Zweiten Welt-
krieg zerstörten Städten, nimmt Dresden die
Stellung eines globalen Gedenkens des ver-
nichtenden Krieges ein. Im Panoramaraum
thematisieren Fotomotive auch zahlreiche
weitere europäische Städte, wie Rotterdam,
Coventry, Stalingrad oder Warschau, die nach
deutschen Angriffen 1945 ebenfalls zerstört
wurden.

Asisi versteht das Panorama auch als Mahnung
an die Lebenden, sich gegen Krieg, Faschis-
mus, Nationalismus und Revanchismus zu
stemmen. Dabei hat Dresden eine Stellvertre-
terfunktion: Zerstörung und Wiederaufbau.

Im Wechsel dazu wird eine andere Seite Dres-
dens gezeigt:

DRESDEN IM BAROCK – Mythos der sächsi-
schen Residenzstadt
Glanz und Hochkultur der Stadt wird zum 300.
Geburtstag des venezianischen Malers Cana-
letto in einem neuen Panoramaprojekt dargestellt. Die berühmten Stadtansichten des
Künstlers, der einige Jahre in Dresden verbrachte, wo er unter anderem das Elbufer, den

Zwinger, die Frauenkirche, das Coselpalais und den Neumarkt malte. Die Werke vermitteln den Besuchern des Panoramas ein eindrucksvolles Lebensgefühl der Stadt aus dem 18. Jahrhundert.

In Berlin stehen zwei Panoramen.
Sie befinden sich an bedeutenden Stellen der Stadt:

DIE MAUER – Leben mit dem Todesstreifen
Die Menschen und ihr Alltag im Schatten der Berliner Mauer in den 1980er Jahren sind der Ausgangspunkt für das Panorama, das an der Schnittstelle Checkpoint Charlie und Friedrichstrasse steht.
Darin entwarf Yadegar Asisi, der als Zeitzeuge in Kreuzberg wohnte, das Bild einer Straßenszene direkt vor der Mauer. In dem 18 Meter hohen Rundbau wird der Besucher in einen ganz gewöhnlichen Tag im November in der Sebastianstraße in Berlin-Kreuzberg versetzt. Die dargestellten Personen haben sich mit der Normalität der Teilung arrangiert.
Entlang des Mauerstücks, einen Steinwurf entfernt vom Grenzübergang Heinrich-Heine-Straße, spielt sich daneben das alternative Leben in West-Berlin ab. Gezeigt werden unter anderem ein Graffitikünstler mit seinem Konterfei, ein besetztes Haus, eine alte Tank-

stelle, eine Telefonzelle, die typische Berliner Eckkneipe und Touristen auf der Aussichtsplattform, die den Blick über die Mauer in den Ostteil freigab.

„Für jeden Berlin-Besucher und Berliner sollte das Mauer-Panorama Anstoß sein, sich das Leben vor und hinter der Mauer wieder ins Gedächtnis zu bringen", äußerte sich ein Tourist aus Heilbronn nach dem Besuch des Panoramas.

In dem zweiten Berlin-Panorama auf der Museumsinsel in Berlins Mitte am Kupfergraben - direkt vor dem historischen Pergamon-Museum mit dem legendären Altar - entwickelte Asisi eine völlig andere Szenerie:

PERGAMON – Zeitreise in die griechisch-römische Antike
Im Vorraum werden Meisterwerke der antiken Metropole zusammen mit den Highlights aus den Beständen der Berliner Antikensammlung präsentiert.
Begibt man sich in das Innere, beginnt eine Reise um 129 n. Chr. in die Stadt Pergamon in Kleinasien.
Zu entdecken sind die Terrassen des 300 Meter hohen Stadtberges, in dessen hügelige Landschaft sich die monumentalen Bauwerke mit Tempeln und dem Theater ein-

fügen. Daneben finden am Pergamonaltar Brandopfer statt.
In zahlreichen Straßenszenen kann man das Treiben in einer lebendigen, antiken Stadt verfolgen.

Für diese Arbeit wurde Asisi 2019 mit zwei hochrangigen Preisen für Gestaltung, dem Red Dot Award und dem German Design Award, ausgezeichnet.

Inzwischen ist Yadegar Asisi auch im Ausland ein anerkannter und gefragter Künstler.

Wie vielseitig seine Ideen sind, zeigen seine Arbeiten in der nordfranzösischen Stadt Rouen.
Von 2016 – 2018 wurden in einem Panorama historische Ereignisse der Stadt nachgestellt:

ROUEN 1431
Darin thematisierte er die Epoche von Jeanne d'Arc, die Spätgotik und den Aufbruch in die Neuzeit. In seinem jüngsten Werk in Rouen schuf er das größte zeitgenössische Werk des Impressionismus im Format von 360°:
DIE KATHEDRALE VON MONET – Die Hoffnung der Moderne
Als Huldigung an den Maler Claude Monet begibt sich der Künstler in die Zeit des Impressionismus. Ausgangspunkt ist die Gemälde-

serie Monets zur Kathedrale von Rouen aus den Jahren 1892 bis 1894, die Asisi in die Zeit der Belle Epoche verlegt. Die Kathedrale mit den sie umgebenden Häusern wird rekonstruiert und komplett in Öl gemalt, digitalisiert und anschließend auf eine riesige Leinwand gedruckt.

In den Städten Konstanz, Hannover, Pforzheim und Wittenberg fanden in den letzten Jahren außerdem temporäre Ausstellungen zu unterschiedlichen historischen Themen statt.

In allen bisherigen Panoramen sind beeindruckende Klanguntermalungen des Komponisten und Pianisten Eric Babak zu hören, die sich in Tag- und Nachtrhythmus mit den Bildwerken zu einer harmonischen Gesamtinstallation runden.

Seit April 2022 befindet sich im Panometer in Leipzig Yadegar Asisis neuestes Projekt: New York 9/11 - Krieg in Zeiten von Frieden Ein Atemzug vor der Katastrophe: Der Morgen des 11. September 2001 in Manhattan um 8:41 während eines kurzen Augenblicks trügerischen Friedens inmitten der alltäglichen Großstadt-Hektik kurz vor den Anschlägen. Die weitreichenden Folgen des Schicksalstages waren Krieg, Terror und ein ewiger Kreislauf der Gewalt.

Als viertes Anti-Kriegs-Projekt von Asisi soll dieses Werk verstanden werden.

Die beschriebenen Panoramakunstwerke sind einige Beispiele, für die jeweils aufwendige Recherchen vor Ort vorausgingen. Sie zeigen von der enormen künstlerischen Schaffens-kraft Yadegar Asisis.
„Ich bin durchs Zeichnen, das was ich bin", gibt Yadegar Asisi lächelnd zu. „Und das ist immer-hin etwas."

Sema Poyraz

„Nie hätte ich damit gerechnet, dass ich mit 69 Jahren einmal als festes Ensemblemitglied an einer deutschen Staatsbühne aufgenommen werde", sagt die Schauspielerin, Drehbuchautorin und Regisseurin Sema Poyraz.

Seit 2019 steht sie regelmäßig in verschiedenen Rollen im Berliner Gorki-Theater auf der Bühne.
Unter der Regie von Hakan Savas Mican spielt sie aktuell in den abgeschlossenen Episoden der Trilogie: „Berlin Oranienplatz" und „Berlin Kleistpark".

„Am Anfang meiner Schauspielkarriere ging es noch ohne Kopftuch. Da spielte ich die moderne Türkin. Aber mit zunehmendem Alter und den klischeehaften Rollen in Film- und Fernsehproduktionen spiele ich die türkische Gastarbeiterin aus der ersten Generation mit Kopftuch."

An der türkischen Schwarzmeerküste - in Zonguldak- wurde Sema am 7. März 1950 geboren, drei Jahre später ihre Schwester Semra.
Da der Vater aus Istanbul stammte, zog es die Familie in die Metropole.
Sema ging in Istanbul auf die Volksschule.
Mit neun Jahren übersiedelte sie mit ihrer Mutter und der jüngeren Schwester 1961 nach Schorndorf, einer überschaubaren Stadt in Baden-Württemberg. Dort lebte bereits seit einem Jahr ihr Vater, der als Trainer für Sportringer tätig war.

In der Schule galt die aufgeweckte, glutäugige Sema als Exotin.
Deutsch zu lernen fiel ihr nicht schwer. Aber mit den Artikeln „der, die, das" hat sie bis heute Probleme, weil ihr die Logik nicht einleuchtend erscheint, wie sie behauptet.

„Ich habe immer wieder die Lehrer angesprochen, der Baum' kann nicht männlich sein, der Baum gibt doch Früchte oder,der Tisch' muss ,das Tisch' heißen, Gegenstände leben doch

nicht", erinnert sich Sema an ihre Schulzeit.
„Ich war nicht nur die einzige Türkin, sondern auch das einzige Arbeiterkind, das
damals auf dem Gymnasium war und das
Abitur ablegte."

Ihre Eltern legten großen Wert auf die Bildung ihrer beiden Töchter.
In den ersten Monaten in Deutschland mussten sie täglich 20 Seiten Vokabeln auswen-
dig lernen. Das verlangte die Mutter, die
auch die Mathematik- und Physikaufgaben
ihrer Töchter korrigierte und ungehalten
war, wenn sie nicht sofort von ihnen gelöst
wurden.

„Gleich nach der Arbeit, noch bevor unsere
Mutter für uns das Essen zubereitete, hat
sie uns geprüft", entsinnt sich Sema. „Sie
selbst wollte Medizin studieren. Aber als sie
in der Abiturklasse war, starb ihr Vater. Sie
verließ die Schule, nahm eine Arbeit in der
Verwaltung der Kohlebehörde an, um sich
und ihre Mutter zu versorgen."

Nach dem Abitur studierte Sema von 1971
bis 1973 an der Ludwig-Maximilians-Univer-
sität in München Orientalistik und Theater-
wissenschaft. Doch mit der Zeit fand sie das
Studium zu trocken.
Da ihre Leidenschaft dem Kino, beziehungs-

weise Filmen galt, wechselte sie an die Deutsche Film- und Fernsehakademie Berlin. Als erste türkische Absolventin schloss sie 1980 das Studium mit einem Regie-Diplom ab.

Ihr Abschlussfilm „Gölge – Zukunft der Liebe" kann als früher Ausgangspunkt eines sogenannten deutsch-türkischen Kinos bezeichnet werden.

In ihm beschreibt sie den Spagat zwischen den strengen Moralvorstellungen der traditionellen türkischen Kultur und den Freiheiten der deutschen Gesellschaft.

Gölge, Tochter eingewanderter Eltern aus der Türkei, erlebte ihr sexuelles Erwachen, ihre Sehnsüchte und die Unterdrückung durch den Vater. Im Berlin-Kreuzberg der 1970er / 1980er Jahre sucht sie zwischen migrantischer und deutscher Lebenswelt ihren Platz zu finden.

Die Schauspieler waren allesamt Laiendarsteller. Die Hauptrolle der Gölge spielte ihre Schwester Semra.

Die Idee zum Drehbuch kam Sema Poyraz nach Recherchen unter türkischen Frauen und Mädchen in Berlin. Dabei griff sie auch auf ihre eigenen Erfahrungen als Türkin in der deutschen Gesellschaft zurück.

Der Film entstand in der Regie-Zusammenarbeit mit ihrem griechischen Kommilitonen Sofoklis Adamidis und wurde im Sender Freies Berlin, heute RBB, im August 1980 ausgestrahlt.

Seit ihrem Abschluss an der DFFB arbeitete sie als freie Autorin und Regisseurin.

Für kurze Zeit ging sie als Dozentin an die Bilgi-Universität nach Istanbul. Beim Internationalen Kurzfilmfestival in Oberhausen wurde sie als Jurymitglied des Kinder- und Jugendfilmzentrums eingesetzt.

Ihr Spielfilm „Oda", für den sie auch das Drehbuch schrieb, wurde 1994 mit dem Prädikat „besonders wertvoll" ausgezeichnet. Die Handlung erzählt die Vereinsamung einer Mutter, deren Sohn von Neo-Nazis in Hamburg ermordet wurde.

Sobald Film- oder Fernsehrollen mit türkischen Frauen besetzt werden mussten, war Sema auch als Schauspielerin gefragt. Ihr Aussehen passte klischeehaft genau zu den ernsthaften oder komödiantischen Rollenangeboten.

Ihre erste Darstellung hatte sie in Helma Sanders-Brahms berühmten Film „Shirins Hochzeit". Darin verkörperte sie eine moderne türkische Fabrikarbeiterin.

Seit Gründung der Spielstätte für türkischsprachiges Theater Anfang der 80-Jahre im Ballhaus Naunynstrasse in Kreuzberg, begann für Sema eine neue Karriere als Bühnendarstellerin. Am Anfang waren es nur sporadische Auftritte in den Stücken „Pauschalreise – Die erste Generation", „Fahrräder könnten eine Rolle spielen" und „Das Summen der Montagswürmer".

Das änderte sich unter der künstlerischen Leitung von Shermin Langhoff im Jahr 2008. Ihr fiel das schauspielerische Talent von Sema auf. Ab dann wurde sie häufiger als Schauspielerin in verschiedenen Rollen auf der Bühne des Ballhauses eingesetzt. Mal spielte sie die Arbeiterin, die Putzfrau oder die Mutter.

Als Shermin Langhoff später Intendantin am Gorki-Theater wurde, engagierte sie Sema als festes Ensemblemitglied.

Die Regisseure Nurkan Erpulat, Ersan Mondtag und Hakan Savas Mican besetzten sie in den Inszenierungen: Onkel Wanja, Kinder der Sonne, Angst essen Seele auf, Ödipus und Antigone, Die Schwäne vom Schlachthof.

Für ihre Darstellung der Mutter in dem türkischen Kinofilm „Özür Dilerim" wurde Sema auf dem 32. Istanbuler Filmfestival 2013 als beste Schauspielerin mit der Goldenen Tulpe ausgezeichnet. Es ist die höchste Auszeichnung für Filmschauspieler in der Türkei.

Die Regisseurin Doris Dörrie besetzte 2021 in ihrem Sommerfilm „Freibad" Sema als türkische Oma. Im November 2022 holte Zazik

Dogan für seine Tragödie „Das Erbe" Sema auf die Bühne der Münchner Kammerspiele.

Die Frage, wo sich die Heimat von Sema Poyraz befindet, beantwortet sie so:
„Ich habe das Gefühl, dass ich mehrere Heimaten habe. Ich bin in der Türkei geboren, also habe ich die Türkei als Heimat. Aber ich bin in Deutschland groß geworden. Ich kann nicht sagen, Deutschland ist meine Heimat. Aber Berlin ist meine Heimat." Ergänzend fügt sie stolz hinzu:
„Ich bin Berlinerin, türkischer Herkunft!"

Maryam Andaz

Statt eines Nachworts: Die Buchgestalterin Maryam Andaz in eigenen Worten

Wenn ich mich daran erinnere, wie ich zuerst Kunst gemacht habe, denke ich an meine Eltern. Von ihnen wurde ich immer unterstützt. Sie haben mich auf meinem Weg motiviert. Schon als Kind wollte ich meine eigenen Werke um mich haben, wie zum Beispiel meine eigenen Puppen. Deshalb habe ich die Puppen, die ich bekam, oft zerrissen und kaputt gemacht und sie dann neu gestaltet. Vielleicht hat das mit der Kunst genauso bei mir angefangen. Und meine Eltern ließen es mich tun.

Später, bevor ich zur Uni ging, habe ich private Kurse in Teheran besucht. Grafik und Visuelle Kommunikation waren die Bereiche, die ich mir dazu ausgewählt habe. Als ich dann an der Uni angefangen habe, habe ich mich sofort auch bei mehreren Verlagen und Zeitschriften beworben und neben dem Studium einige Jahre für diese kostenlos oder für sehr wenig Honorar gearbeitet. Alles in mir drängte darauf, mit meiner Arbeit anzufangen.

Das klappte und es hat mir Spaß gemacht. Natürlich gab es aber auch Momente, in denen ich sehr belastet und mein Leben anstrengend war. Außerdem wollte ich meine Kunst immer in mehrere Bereiche einbringen und habe so zum Beispiel für meine Abschlussarbeit an T-Shirt-Designs gearbeitet.

2016 bin ich nach Deutschland ausgewandert und hier musste ich natürlich vieles von null anfangen. Ich habe trotzdem versucht, Ausstellungen zu machen. Und meine erste Ausstellung konnte ich ein Jahr später auf die Beine stellen.

Mein stetiger Antrieb in meiner Arbeit ist die Liebe des Menschen. Auch die Beziehung zwischen Menschen und Tieren taucht immer wieder in meinen Bildern auf.

Für mich selbst sehr interessant und wertvoll zu erfahren ist, dass meine Kunst in Deutschland persönlicher geworden ist. Das liegt für mich daran, dass ich in den Jahren hier sehr konzentriert arbeiten konnte. Es gibt kein Verbot oder kein Tabu mehr, ich kann alle Gefühle zeichnen. Diese Freiheit spürt man in meinen Bildern.

Dabei arbeite ich mit unterschiedlichen Mitteln und Techniken. Meist jedoch Kreide und Acryl. Zu meinen großen Leidenschaften gehört die Zeichnung. Es sind einfach nur die Linien, die ich gerne reduziere und versuche, mit ihnen die Gefühle zu zeigen. Menschen spielen eine große Rolle in meiner Kunst.

Und der Humor spielt eine bedeutende Rolle in meinen Arbeiten.

Mit all dem schaffe ich Illustrationen für Kinderbücher, Zeichnungen für Erwachsene und male auf große Flächen und Leinwände. Auch Skulpturen gehören zu meinem Werk.

Meine Kunst soll authentisch sein, nicht dekorativ, und sie soll den Betrachterinnen und Betrachtern immer auch offen sein. Diese sollen die Möglichkeit bekommen, sich mit meinen Formen und Farben zu beschäftigen und ihre Gedanken und Fantasie dabei arbeiten zu lassen.

Gleichzeitig ist mir in dieser Freiheit die Botschaft meiner Werke sehr wichtig. Finden soll sie aber jeder selbst.

Und so halte ich es auch bei meiner Arbeit mit Kindern. Sie macht mir Freude und schenkt den Kindern in manchem Workshop die Freiheit, ihre eigene Welten und Werke zu schaffen, in und mit denen sie dann leben können und sich zeigen, wie ich zuallererst eben auch.

Anita Rehm

Anita Rehm, 1947 in Armsheim geboren. Ab dem 6. Lebensjahr in Mainz aufgewachsen. Seit 1972 Wohnort in Berlin.
Berufliche Tätigkeiten als freie TV-Journalistin für die ZDF-Sendungen „Nachbarn in Europa", „Blickpunkt", „sonntags", „Länderspiegel" und 3-SAT „Katholisches Tagebuch". Daneben Hörfunk- und Zeitungsreportagen.
Auf den Filmfestivals in Kecskemet/Ungarn und Saragossa/Spanien wurde sie 1983 für ihren Dokumentarfilm „Holz-Verbindung" jeweils ausgezeichnet.

Bisherige Buchveröffentlichungen:
„Entführt", 2019
„Rosa Wasser", 2022

Aus dem Verlag

Graphik und Gedichte im Verlag
Akademie der Abenteuer

Nasrin Siege / Maryam Andaz
Mandeln und Rosinen
Paperback
136 Seiten
ISBN: 9783985301188

Michèle Meister / Boris Pfeiffer
Nicht aus Adams Rippe
Broschiert
158 Seiten
ISBN: 9783985301218

Nicht aus Adams Rippe